终极营销

移动互联时代的精准营销策略

[美] 丹·S. 肯尼迪◎著

桂小黎 朱玉彬◎译

第四版

当代世界出版社

图书在版编目（CIP）数据

终极营销/（美）肯尼迪著；桂小黎，朱玉彬译.—北京：当代世界出版社，2014.1

ISBN 978-7-5090-0802-7

Ⅰ.①终… Ⅱ.①肯… ②桂… ③朱… Ⅲ.①市场营销学 Ⅳ.① F713.50

中国版本图书馆 CIP 数据核字（2014）第 243318 号

THE ULTIMATE MARKETING PLAN: Target Your Audience! Get Out Your Message! Build Your Brand!, 4th Edition by Dan S. Kennedy
Copyright © 2011, 2006, 2000, and 1991 by Dan S. Kennedy
Published by arrangement with Adams Publishing,
a Division of Adams Media Corporation
through Bardon-Chinese Media Agency
Simplified Chinese translation Copyright © 2013
by Orient Brainpower Media Co., Ltd.
ALL RIGHTS RESERVED

北京市版权局著作权合同登记号：图字01-2013-6635号

终极营销

作　　者：	[美] 丹·S. 肯尼迪
译　　者：	桂小黎　朱玉彬
出版发行：	当代世界出版社
地　　址：	北京市复兴路4号（100860）
网　　址：	http://www.worldpress.org.cn
编务电话：	（010）83907332
发行电话：	（010）83908409
	（010）83908455
	（010）83908377
	（010）83908423（邮购）
	（010）83908410（传真）
经　　销：	新华书店
印　　刷：	北京普瑞德印刷厂
开　　本：	710mm×1000mm　1/16
印　　张：	14.75
字　　数：	220千字
版　　次：	2014年1月第1版
印　　次：	2014年1月第1次
书　　号：	ISBN 978-7-5090-0802-7
定　　价：	32.00元

如发现印装质量问题，请与承印厂联系调换。
版权所有，翻印必究；未经许可，不得转载！

无数成功案例告诉你通过学习《终极营销》你将会有哪些收获

营销人员的解放

"我向中小型企业主提供金融服务。在采纳了你的策略之后,那些生意萧条的日子已经一去不复返了。现在的我月收入超过5万美元,运用你们提供的逐个邮寄策略,专门针对理想客户开展业务,用于经营业务的时间减少了80%!顺便说一句,我今年只有23岁哦。"

——约书亚·贾乌利,纽约

我在这本书里介绍的营销策略不仅仅会让你赚到更多的钱。说句实话,想要多赚钱不是什么难事。关键是,通过学习这本书,你会系统地了解市场体系,做到凡事胸有成竹,还能正确地挑选自己的客户,享受更多的闲暇时光,而不再整日惶惶不安,做那些徒劳无功的事。

——丹·S. 肯尼迪

注册会计师的财富之路

"我是从 1996 年开始学习你提出的营销理念的,那些年,我的会计师事务所营业状况十分不如意,而现在,我的事业不断蒸蒸日上。完税季节后,我们都有众多项目紧接着要处理。现在,我们可以根据自己的需要自主选择服务的对象。我有信心,知道自己能够随时发现'生财之路'。我的办公室和家之间只隔了 8 分钟的路程,我可以一边惬意地听着早高峰时段的交通报告,一边悠闲地步行去上班。我们夫妻俩现在是无债一身轻,我们重装了房子,还有大把的时间,可以到欧洲和夏威夷去度假,享受海上航游。我们还准备去苏格兰,这些旅行都由别人付钱。另外,我的二女儿和女婿开了一家饭店,我可以为他们出谋划策,多招揽一些生意。记住,开卷有益,无论你是销售人员还是企业老板,丹·S. 肯尼迪的这本《终极营销》都将成为你的明智之选,帮助你获得更多利润。"

——迈克尔·C. 格雷,注册会计师,加利福尼亚

迈克尔 2005 年主动寄来那封感谢信,并允许我们使用其中的内容。迈克尔现在仍然是格雷泽—肯尼迪内幕圈的成员,他还会时不时地向我们汇报他公司的发展情况以及他个人和全家人共同取得的成就。你或许是通过这本书才了解到我的,事实上,有很多企业管理者都是我的追随者,我的营销理念伴随他们走过了 5 年、10 年、15 年甚至 20 年的时光。这本书只是入门,以后的路还很长。

——丹·S. 肯尼迪

纽约市退休警察行业培训业务

"我在纽约市警察局工作了 20 年,轮到我上夜班的时候我就会利用白天的时间做做房地产投资,跑跑施工业务。我加入了格雷泽 – 肯尼迪内幕圈和信息

营销协会（www.info-marketing.org），学习你们给出的策略，根据自己在房地产和契约合同业务方面的成功经历，开启了自己的信息营销（出版和培训）业务。我的收入颇丰，到今年底，我已经赚了93万美元。"

——保罗·戴维，纽约

这是一个极好的例子，让我们看到了单一发展与全方位发展的差距所在。掌握了《终极营销》这本书的内容，你就可以抓住一个又一个机遇，实现这种全方位的发展。对于很多单一型的小企业来说，想要实现七位数的年收入实非易事，但对于那些不拘一格，循序渐进地将行业的触手伸向方方面面的企业来说，一切皆有可能！

——丹·S.肯尼迪

零售商不再为寻找销路而感到苦恼

"我和我的丈夫在零售业打拼了20年，现在在家乡和临近的两个社区开了几家不同的商店。但我们也摸不清楚到底怎样才能招揽更多的顾客，生意也是时好时坏，直到我的一位顾客向我说起了您，并送了我这本《终极营销》，我的生意开始有起色了。通过采取并实施正确的营销方案，我减少了随季节变化的销售旺季和淡季，顾客的平均购买量逐年增加（你们的理念，让我的销售量第一次变得既可以估测，又能有效应对）。我成了'创意总监'，将季度促销集中起来，吸引新顾客，挽回老顾客，因此销售量激增。我还采取了之前从未做过的直邮策略，获利颇丰。另外，在您的督促下，我在亚马逊网上开了一家网店，才营业半年就挣了26000美元。总而言之，我们的收入在短短几年间内就翻了一番。多亏有您的营销理念，现在孩子们上大学的费用全部有着落了！"

——卡萝·兰斯帕，印第安纳州

我的朋友迈克·万斯曾和华特·迪斯尼共事，还写过几本有关思维创新方

面的好书。有一天,他向一位首席执行官请教,希望他能指出自己在业务上存在的最大问题。那位执行官回答了他的问题,迈克接着问有谁能解决这些问题,执行官坦诚地告诉他"没有人可以"。因为按照他的话说,这些问题根本就解决不了。然而,我相信任何事情都有它的解决方法,就像在这个例子中,卡萝事业中的两个老大难问题都在她找对了门路后引刃而解了。很多时候,商人们都会遇到困难停滞不前,好不容易重整旗鼓却又走原先的老路子,还抱着侥幸心理希望这次能有好一点的结果。本书就像一盏指路明灯,让你换个角度追寻自己事业的新方向,这就是《终极营销》的妙处所在。

——丹·S. 肯尼迪

序

嘿，序可别跳过去了！这里有很重要的信息哦！

本书于1991年首次出版，现在已经是20周年纪念版了。我们在原有的基础上不断对本书进行更新和扩充，它经历了时间的考验，成为经典。在本书的指导下，那些数以万计希望创业又苦于找不到门路的人开创了自己的事业，苦心经营却又收效甚微的人看到了事业腾飞的希望，其中不少人的身价暴涨，跨入了富人的行列。和当年第一次写书时一样，我现在写下的一字一句都和你们的利益密切相关，都会让你们感到受益匪浅。

首先声明，我可不是只会纸上谈兵的学术理论家。我曾经在很多广泛的领域内创办并经营自己的公司，也转手买卖过不少公司。我总是在创业的道路上寻寻觅觅。就在我写这本书的时候，我正在冒险进行冰淇淋邮购业务的营销实验，坦白说，这种营销是我从来没有尝试过的，就是把爱达荷州的奶制品店的产品直接递送到收件人的家中或办公室，配送范围遍布美国全境。这本书中提及的每一条策略我都使用了二十多年。此外，我还向各个大小企业的所有者咨

询协商,像看待自己的事业一样密切关注他们的营销情况。我有很多大客户,比如拥有数十亿资产的电视广告业巨头高西-伦克公司(Guthy-Renker),该公司最知名的品牌就是高伦雅芙祛痘产品;还有卓越咨询(Advisors Excel),这家在全美成千上万家从事养老金和人寿保险业务的金融咨询机构中极具活力、锐意进取、发展迅速。我帮助成立的一些公司现在已经成功跻身全美500家发展最快的企业之列,以及《创业者》(Entrepreneur)杂志的特许专营授权公司之列,这些公司涉及的范围很广,从科学技术到卫生保健,不一而足。

我说这些就是为了让你知道,本书的内容基于人们的实践经验,是在前人不断取得成功的基础上创作而成的。这下你就可以放心地投入时间、精力和金钱来实施我们的《终极营销》了。

在看到这本书的正文之前,还有两个问题要解决:第一,"营销"到底是个什么概念?第二,发展属于你自己的终极营销方案的目标是什么?

有关何谓"营销",我不会给你一条像大学教科书里那般严谨描述的定义。顺便说一句,现在我们要着手讨论的方案并不是为了迎合某些学术上的商业方案或者营销方案的标准,也不是你夹在花花绿绿的活页夹里,拿给银行家们过目的那些材料。我们在此关注的是你的事业,而不是为了给谁留下什么深刻的印象,也不是为了应付考试,让一位从来都没有真正涉足过这一行业的教授给我们打一个及格分。因此,具有实际指导意义的"营销"定义是这样的:

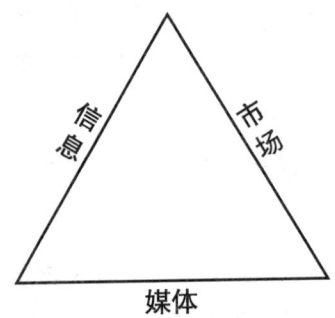

借助正确的媒体和手段,将正确的信息有效地、高效率地、有利可图地传递给正确的人。

过去我在定义中用到的是"负担得起地",但是现在我把它换成了"有利可图地"。事实上,前一个词正迎合了大多数生意人的营销投资心理,他们希望花小钱办大事,用尽可能少的花费将客户争取过来。然而,正是这种小家子气的想法让他们错失了很多极好的机会。首先,你要明白,不同的营销方案需要的不同成本,这没有什么可比性。它们只是单纯的数字,不代表任何意义。重要的是投资报酬率的多少,或者说净利润的多少。因此,我在上面的定义中没有使用"负担得起地",而是"有利可图地"。(想要知道实施营销,运作生意到底综合起来要花费多少钱,不要去问你的会计,他不过是记录过去发生事情的历史学家,你还是看看我写的《不看没人性的资产负债表》这本书的第43章的相关内容吧。)

光是营销的定义本身就值得你把这本书翻看上千遍了,这条定义就你的营销方案划分出以下问题。

- 作为你的营销方案想要传达的基础信息,这一信息是不是你所能想到的最震撼人心、最有说服力、最引人注目、最能激发兴趣、最能令人着迷的一个呢?还是说你的信息属于那种平淡无奇、盲目跟风、毫无看点、让人觉得味同嚼蜡、过目即忘的那些烂大街的点子?或者说,更糟糕的是,你提供的信息从头到尾都只是单纯地向人们展示某一商品?别忘了还有更糟糕的情况:你是不是只会拿低价做噱头吸引人们的目光?

- 你有没有确切地想好信息的受众应该是什么人,以及用什么样的方式向他们呈现这一信息。最好能排除其他人,将他们作为自己的专门受众,或者至少能做到不去在意其他人?还是说你的定义很模糊,你认为任何人都可以成为信息的受众,但结果往往事与愿违——没有一个人能真正成为你的受众?你是不是并非想要集中火力,专心应对与你的资源相匹配的受众,而是想广泛撒网,让尽可能多的人了解你提供的信息?

- 你是不是明智地选择了投资给最合适的媒体,将你的信息传达给目标市场?还是说你借助媒体的力量只是因为盲目跟风,或是因为听了推销员

的话，又或是这就是你一贯的做法？注意：在不同的时期，对不同的生意、不同的目标市场来说，能发挥出最佳功效的媒体往往也是不同的。

- 你做事是既有效又高效吗？还是说你这个人由于比较懒惰或者比较无知总是四处瞎忙活，或是拗不过那些和你唱反调的员工，又或是小家子气地怕花钱的话，才选择了一种最简单或是最高效的方式？
- 你会比较准确地估计每一次营销投资的真实净投资回报率吗？还是说你不知道怎么估计？或是光靠猜测？还是听信那些并不属实的意见？

如果对你和你做的小生意来说，以上这些内容听起来太过复杂了，你也可以这样想。在收入甚微的起步阶段，如果你错过了一个好机会，又或是走错了一步，这都会给你的事业带来严重的后果。与那些规模较大的华尔街融资公司比较起来，他们对这些外界因素的敏感程度很低，因此经营小企业的你更要做到稳扎稳打、步步为营。一家拥有 1000 家店面的公司和那些只有三五家店面的业主比起来，经营策略是必然会有所不同的。你必须要采取微观管理的办法，而大公司采取的则是宏观管理的办法。他们可以花最多的钱，找到最顶尖的专家，比如我，来协助他们策划。一般来说，我为他们做一次市场前景咨询项目的收入就有 10 万美元至 100 万美元不等。没有哪一个做小生意的人可以负担得起这样的价格去请专家，除非他的生意已经越做越大了。因此，在这种情况下，你就得自己动手，丰衣足食了。

如果你开的是大公司，那你也应该仔细研读本书，看看你的下属为你制定的营销计划和投资方案是否合适，如果有不合适的地方就要立马重新修订。大公司的营销队伍里通常都是这样一群人，他们从不坚持从花出去的每一元钱里榨取每一分利润，因为他们来自学术气息浓厚的校园，而不是处处讲钱的俗气的街头，他们都是被宠坏了的小孩，不知道自己肩膀上应该背负的重担。

而我现在的目标就是把最基本、最重要也是最可信的营销成功的关键因素传授给你，在我多年的顾问生涯中，我成功地运用这些因素帮助客户为他们的产品、服务或业务打造最具声势的传播信息；帮助他们选择并合理利用最适合的传播媒体；帮助他们将希望传达的信息定向引导至最具价值的目标市场。以上是我的目标，而你的目标就是将这些成功的关键因素整合到一起，制定出一个方案，并以此推动你的事业腾飞。

尽管我不断地在为别人设计方案，但就我个人来说，我对此非常厌烦。企业家们通常雄心勃勃，"准备好了吗？开火！中了。"这是他们做生意的态度。假如你开始喃喃自语："什么？方案？算了吧，我们还是去卖点东西吧，别磨嘴皮子了。"那我也就明白你的想法了。但是这把磨快的斧子绝对是你值得拥有的一件利器。

——丹·S.肯尼迪

致谢

感谢我的客户、其他的营销专家以及格雷泽-肯尼迪内幕圈（Glazer-Kennedy Insider's Circle™）的各位成员为本书提供的丰富例证和信息。在全书中，你将会看到我们经常提及格雷泽-肯尼迪内幕圈和它的成员。这一独一无二的全球性协会的成员包括企业家、企业主、自雇专业人员以及专业销售人员，他们都对营销抱有极大的兴趣。这些成员达成了一种共识，那就是无论他们销售什么样的产品，提供什么样的服务，可交付什么样的成果，拥有什么样的客户群，他们都离不开营销业务。现在已有数以万计的商务人员加入了这一协会，该协会在很多城市设有本地分会，还会召开重要的全国性会议，一些名人兼企业家，如美国 KISS 乐队① 主唱吉恩·西蒙斯（Gene Simmons）、老牌影星琼·里弗斯（Joan Rivers）、超级名模凯西·爱尔兰（Kathy Ireland）、世界重量级拳击冠军乔治·福尔曼（George Foreman）等都参加了全国会议。

---

① KISS 乐队是美国最有影响力的摇滚乐队之一，以怪异的脸谱、华丽的装束、现场上的火焰呕血、冒烟的吉他等见称。——译者注

目录

终极营销的第一个成功要素：
正确的信息 //001

终极营销的第二个成功要素：
展示 //025

终极营销的第三个成功要素：
目标市场 //041

终极营销的第四个成功要素：
证据 //059

终极营销的第五个成功要素：
顾客的感受 //081

终极营销的第六个成功要素:
风潮 //091

终极营销的第七个成功要素:
行动 //113

终极营销的第八个成功要素:
财产价值 //129

终极营销的第九个成功要素:
客户增殖 //147

终极营销的第十个成功要素:
制造短时期的营销高峰 //153

终极营销的第十一个成功要素:
利用营销技巧和在线媒体/网络营销获利 //167

目录

附赠章节 //195

附赠章节之一
让一项普通的业务变得独特 //197

附赠章节之二
产品优质化的力量 //207

附录A
终极营销的大忌 //215

附录B
终极营销的秘技 //216

终极营销的第一个成功要素：
正确的信息

THE ULTIMATE
MARKETING PLAN

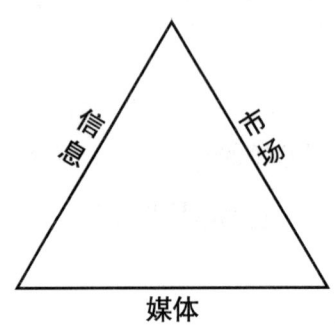

　　1978年，当我开始成为职业演讲人并承担研讨会领导的职责时，作为最受人尊敬的演讲大师之一的卡维特·罗伯特（Cavett Robert）曾说过这样一段发人深省的话："除非你已经做好了准备，否则不要急着跑出去四处推销，因为这样一来，人们就会更快地摸清你的底细，知道你根本就不在行。"所谓忠言逆耳，就是这样吧。事实上，很多来自各个领域的商务人员都是这样，他们还没有搞清楚自己手上有什么真正值得推销出去的东西就准备去一展身手了。

　　在我35年的营销生涯中，真正有效的营销信息从未像在今天这样一个异常混乱而又充满竞争的环境中那样必不可少。这一信息最好能够真正产生实效，即能够为你区分出潜在客户与现实客户。

　　下面这个小故事也为宣传者阐述了同样的道理：

　　一头狮子遇上了一只老虎，他们在池塘边喝水。老虎说："告诉我，为什么你总是像个白痴一样吼个不停。"狮子说："我才不是白痴呢。"狮子的眼光开始发亮，"正是因为我懂得自我宣传，人们才会称我为万兽之王！"

终极营销的第一个成功要素：
正确的信息

一只兔子在偷听了他们的对话后，一路飞奔回到家中，也想学狮子那样宣传一下自己，无奈他只会发出吱吱的叫声。

这叫声引来了一只狐狸，悲催的兔子就这样成了狐狸的午餐。

这个故事告诉我们：亲爱的朋友们，在你宣传自己的时候，请先掂量一下自己到底有多少真才实学！

在营销这门艺术以及这本《终极营销》的开篇，我们不会向你推荐任何具体的媒体或策略，我们真正要做的是将最有利的因素整合起来，即将最值得推销的、也是最能体现你的"真才实学"的信息整合起来。

了解你的处境，必要时战胜所有劲敌，尽可能规避竞争

当你开始着手涉及有力的营销信息时，你必须对自己的处境做一番全面的调查。对那些强劲的竞争对手，你要做到知己知彼，因为他们有可能已经瞄准了你的目标客户群，准备将营销信息推广出去。在与对手的竞争过程中，你必须要推出更胜他们一筹的营销信息，保住自己独一无二的地位。但在本书后面的内容中，我们还会谈到人们较少选择的一种应对方式，那就是避免卷入这种混乱的争夺战中，试着自己创造出一个安全设防的销售环境。

现在让我们来动手做一个小练习。先停下来，拿出你的黄页电话簿（如果你有的话），打开它，找到最适合你现在或计划中的业务的那一部分内容。你也可以上网，利用搜索引擎访问大量的公司网站。准备好一叠稿纸，从第一个广告或网站开始，写下第一个宣传者宣传的所有保证内容、产品或服务的特色以及消费者可以获得的利益。如果你发现另外一个宣传者的广告也包含了相同的某一条内容，就在这一条旁边做一个记号，以此计算基本相同的阐述内容在所有广告词中出现的次数。如果你发现这些广告中有

不同的内容，也把它写进你的列表中，看看这些不同的内容在其他广告中共出现了几次。

这个小练习会带给你很大的启发，原因有二：第一，黄页广告历来都是商家的必争之地，只有最具竞争力的商家才能占得一席。而如今，网络也成为商家竞争的舞台。商家极力将人们引向自己的网页，但是实际情况通常是这样的，大多数上网的人只是想足不出户就逛遍各大商场。无论身处哪一个舞台，你都会被竞争者的宣传攻势所包围。但是利用其他的媒体，比如说直接邮寄广告，你就能保证和对方进行一对一的接触，将你的信息全部传达给对方，既不用时时刻刻考虑，又不用挖空心思考察本行业中其他 20 个或 200 个企业提供了什么产品或服务。我将这种宣传方法称为"真空式销售"，这着实是一种让商家游刃有余的销售方法。

相比之下，在黄页广告中，你的广告周围充斥着竞争对手的广告；在网络中，人们只需轻轻点击鼠标，页面就会从你的广告跳转到竞争者的广告。因此，你和你的竞争者都是在同一时间面对同一群潜在客户。这样的狭路相逢只有强者能够胜出，打出自己的一片天下。

这就是你的处境。

显然，竞争是激烈的。但是做好了刚才的小练习，你会从列表中发现这样一个惊人事实：每一个商家说的内容都是一样的，每一个商家传递的信息都是一样的。如果有例外，那都是无重点的信息，这些信息范围宽泛，没有针对什么特定的人群。

人人都是这样做的，所以这种做法似乎就是正确的。事实上却并非如此，如果你认为这样跟着别人的步子走就能在销售市场中取得令人艳羡的成功，甚至是垄断性的地位，那么你就大错特错了。

想要开启广泛营销的金库之门，在竞争激烈的媒体之战中拔得头筹，就要切忌这种盲目的跟风。你需要的是一种独特的营销信息，用一种积极的，最好是引人注意的方式让你在各路竞争者中脱颖而出。很多营销专家都称其为"独特销售主张"，没有了这一主张，你只能算是客户眼中的某一个选择；拥有了这一主张，你就能成为客户眼中唯一的选择。

终极营销的第一个秘技：
独特销售主张

独特销售主张会让你在与其他对手的竞争过程中胜出，在众多的选择（真实的甚至是想象中的）中给人眼前一亮的感受。

当沃尔玛这样的连锁超市品牌或零售业巨头打出"低价领导者"的招牌时，就是在向客户承诺自己的独特定位。除非你拥有强大的购买力，否则，我不建议你使用这种低价主张。想要知道更多有关价格的问题，请参看我与杰森·马尔斯（Jason Marrs）合著的《不看资金平衡表的定价策略》。话说回来，沃尔玛这个例子所表达的独特销售主张还是非常清楚和直截了当的。

独特销售主张也是一种总结和汇报方式，让人们知道这种正在营销中的业务、产品或服务可以给他们带来什么样的丰厚利益。

上世纪90年代早期，当我还在创作本书的第一版时，克莱斯勒公司（Chrysler）就打出了这样的招牌，宣传自己是全美唯一一家将驾驶位安全气囊作为汽车标配的汽车公司。这一独特销售主张让克莱斯勒公司在短期内吸引了大量的客户，然而不出多日，其他竞争者也用了各种方法迎头赶上了。近期，我觉得非常有趣，赛百味连锁快餐店（Subway chain）通过贾里德的经历[①]，将自己重塑为一家减肥饮食店，获得了巨大成功。这种状态会持续多久还不好说。墨西哥式食品连锁餐饮品牌塔可钟快餐店（Taco Bell）很快就效仿了这一有关"减肥"的方法，但是对

[①] 1999年4月，贾里德·福格（Jared Fogle）的大学室友写了一篇报道，说自己几乎认不出现在的贾里德了。《男士健康》（Men's Health）杂志证实了这个故事，并指出"赛百味的三明治菜单"对减肥的确有效。——译者注

于渴望减肥的人来说，他们可不想在食谱上看到墨西哥卷和榨玉米饼这样的食物。总而言之，无论是在过去还是现在，大多数大企业都会推行独特的销售主张，或者至少尝试着去推行这样的主张。

你的独特销售主张传达了你的业务、产品或服务的主题精神。

想一想：哪一个牌子的咖啡取材自"高山种植的咖啡豆"？哪一个牌子的啤酒源自"落基山脉清澈甘霖的泉水"？哪里是"地球上最快乐的地方"？

我们称格雷泽-肯尼迪内幕圈为"兴旺之地"（THE Place for Prosperity™），原因在于这样一个事实，即企业家们心理经常会有一种被孤立的离群之感，遭受误解、怀才不遇的他们正需要拥有这样一个地方：在这里，领导和同事们会真正理解他们的想法，并支持他们的行动。这就是我们团队主题精神中的一部分。另一部分的主题精神就是不折不扣地赚钱，赚更多的钱，积累个人财富。事实上，以上所有的独特销售主张都引用到了"地方"这一概念。

这些例子说明了一点，那就是独特销售主张是可以基于任何理念的：价格、产品定位、地方等。还有一些独特销售主张是凸显产品的色泽、尺寸、气味、名人认可效应、产地、制作时间等，不一而足。我想其中最最重要的是要成为第一个具备这一理念的商家。当你成为第一家时，就像所有其他的营销信息一样，你还必须使自己的信息顺应销售对象的品位。举个例子，我为我的客户高西-伦克公司的高伦雅芙祛痘系列产品所设计的独特销售主张就是首屈一指的。但是，这一主张针对的人群主要是青少年的父母，而不是真正使用这些产品的青少年。由于处在这个年纪的青少年对"可信度"并没有什么明确的概念，因此对他们来说，我设计的主张没有多少说服力。但是对他们的妈妈来说，这一主张却是深得人心的。

本产品由皮肤学专家研制，经万千青少年使用，效果显著，是唯一一种能够有效预防新的青春痘生成的祛痘产品，品质保证，妈妈首选。

当你想要为自己的企业设计新的独特销售主张时，你也会注意到其他企业的销售主张，这时你可以多留心一下，向他们学习。为了锻炼你的营销头脑，你必须要用敏锐的触觉去感受各种独特的销售主张。在你的日常生活中，面对各式各样的业务、产品和服务，你可以问问自己这些问题：

- 这项业务有独特销售主张吗？
- 如果没有的话，我能为它设计一个吗？
- 如果有的话，我能想办法更好地完善这一主张吗？
- 我能从这里为自己的主张借鉴到什么吗？

以绝妙的独特销售主张建立一个创业帝国

15年来，我总是不厌其烦地引用这个例子，因为它太能说明问题了。从前，有两个年轻人，他们决定做点小生意来赚钱，供自己读大学。起初，他们的生意十分惨淡，两人只能相互扶持度日。然而，其中一个名叫汤姆·莫纳根（Tom Monaghan）的年轻人坚持了下来，他提出了一个独特的销售主张，希望能重新定义他所身处的披萨产业，使自己成为千万富翁。就这样，他的小生意首先占据了当地市场的统治地位。接着，他将生意扩张至密歇根州，整个美国，乃至全世界！正确而独特的销售主张植根于正确的营销信息，不但能使你成为小池塘中的那条大鱼，甚至还能让你冲出这个小池塘，走向外面广阔的大世界。

汤姆·莫纳根创立的达美乐披萨（Domino's）提出的独特销售主张是："确保顾客在30分钟内吃上新鲜的热披萨。"这短短的十几个字巧妙地向顾客传达了产品的两大特色：一是**精准定位**——精确地说明披萨会在30分钟内送到，而没有采用那些"很快送到"之类的含糊说法，二是向顾客做出了**保证**。这一独特销售主张已经载入了广告业的历史，它曾是这个创业帝

国发展的强大动力,将其他大大小小的竞争者远远地甩在了身后。在达美乐的鼎盛时期,我曾和人们玩过一个词义联想的游戏。我问他们,当我说起"披萨"时,你们的脑海中首先浮现出的是什么,结果85%的人给我的答案都是"达美乐"。当时达美乐在人们心中的地位由此可见一斑。

提问:如果我们去做一个类似上面的词义联想游戏,请100名或1000名顾客参与进来,告诉他们你所从事的行业的大致名称,结果有85%的人的第一反应都是你的公司,那么当时你的事业到底有多成功才会这样深入人心呢?

我曾有幸为汤姆做过杂志专访,毫无疑问,促成他事业成功的因素有很多,最主要的还是在于他个人的成功哲学以及向他的特许经销商灌输这一成功哲学的能力。如今,该公司已经发展壮大,不再依附于汤姆个人的影响力,而是以其完善的体制、广阔的地理覆盖面、销售规模以及客户对该品牌的熟悉程度站稳了脚跟。但是,我们可以确定的是,汤姆提出的独特销售主张为他的公司在披萨产业迅速崛起并占据统治地位作出的贡献是不可磨灭的。汤姆以此赚取了巨大的财富,年纪轻轻的他已经就这样过上了衣食无忧的生活,他还开始享受人生,以五千三百万美元的价格收购了底特律老虎队(著名棒球队),因为正是这一球队的广播陪伴他走过了孤儿院漫长的岁月。另外,他还收集了很多老爷车,为教堂和慈善事业慷慨解囊。

这就是真正打动人心的独特销售主张产生的巨大力量。因此,为了给你的产品、服务或是生意设计出这样一个独特销售主张,花再多的功夫也是值得的。但是真正想做到这一点就不容易了,我认识的一些客户都是在苦思冥想几个月,甚至几年后才突然灵光一现,发掘出一个极好的独特销售主张,不仅自己看着顺眼,还能讨顾客的欢心。可以说是功夫不负有心人吧,几个月来的辛劳终于换来了可喜的结果。

我要指出一点,那就是在某一产业中的独特销售主张是可以运用到完全不同的方面。比如说，在披萨饼销售业中，我们的一位著名会员狄安娜·库图开办的狄安娜美食披萨饼店（Diana's Gourmet Pizzeria），在市场上不断拓展并逐渐占据主导地位，但是大一点的披萨饼每个要卖到25美元以上。狄安娜美食披萨饼店的独特销售主张突出了其美食的完美品质，而无关乎配送的速度或低廉的价位。本书后面会讲到狄安娜的故事。

彰显独特销售主张的产品

每到圣诞购物季节，一大批新奇的厨房用品就会涌现出来攻占市场。有一年，"冰茶壶"的出现十分吸引人的眼球。当我看到"冰茶壶"的宣传活动时，不禁笑出了声。制造商也是赚得盆满钵满，笑得合不拢嘴了。试想一下：我们再也不能用过去的旧茶壶泡冰茶了，我们必须要用货真价实的"冰茶壶"来泡冰茶。

这件事让我想起了西南部的一种有趣现象，那就是日光沏茶罐。因为那里常年日照强烈，只要把罐子装上水，再放上茶叶包，拿到屋外有太阳的地方放几个小时，灼热的阳光就会把茶泡开。显然，我们家里的旧玻璃罐都能用来泡茶。但是在商店的货架上，我发现了一些大的玻璃罐子，上面印着"日光沏茶罐"。和旁边货架上的那些没有印字的玻璃罐比起来，这些印了字的销售量要多出三四倍。你会发现，大多数顾客都会选择这样的罐子，并满意而归。这倒也能理解，要蠢到什么地步的人才会用泡菜坛子泡日光茶呢？

只要按照顾客的具体要求专门设计，或者采取专利包装，这些产品就具备了彰显独特销售主张的魔力，让顾客难以抗拒。

如果你还想真正见识一下这种包装的力量，那就去运动鞋的专卖店转转吧。我本人不怎么喜欢穿运动鞋，但是有一天，我准备到迪斯尼乐园放松一下，出发前一天，我觉得还是买一双运动鞋穿着会比较舒服。在店里逛了40分钟，花了85元钱后，我明白了一件事：有专门在人行道上走路

时穿的鞋,专门在草坪上走路时穿的鞋,专门给经常走路的人穿的鞋,专门给不怎么走路的人穿的鞋,还有专门在慢跑、打网球、打篮球、踢足球、打棒球、玩蹦床游戏、跳舞或不跳舞时穿的鞋,但是就是没有笼统的"运动鞋"。

考虑一下这些彰显独特销售主张的产品:

- 微波炉晚餐:让孩子们自己动手做饭
- 一场压力管理讲座:专为职业女性开设
- 一种洗护发用品:针对游泳者的头发研制

在上面的例子中,独特销售主张的设计是基于产品的使用者的,这种专门化的处理实际上只会给人们带来一种错觉。比如说,压力管理技巧就是压力管理技巧,对谁来说都一样。另外,我有很多身处化妆品、美容及健康产品领域的客户,根据我和他们打交道的经验,我敢打赌这些专为游泳者设计的洗发产品的成分和其他洗发产品基本不会有什么差别。就好像某种补充营养的药物,用了 A 名称就说是专为猎人提高视力使用的,换了 B 名称就说是专为裁缝提高视力使用的,接着换了 C 名称又说是专为飞行员提高视力使用的。实际上,三个瓶子里的药品成分都是一样的,区别在于它们的营销手段各不相同。

当然了,基于专门化的独特销售主张的产品也确实存在。比如,前文提到的狄安娜,她考虑到了糖尿病人的需求,专门制作了一种披萨,这种披萨的原料就和其他的披萨不同。

要想知道为什么人们总会对独特销售主张感到心动,你必须要了解一点:人们都渴望自己是独一无二的,希望有什么东西是专门为他们研发、设计或是按照他们的个性化要求制定的。对于某产品的营销信息,如果人们的反应是"嘿,那是专门给我设计的啊!",那么他们一定会立马感动地掏钱买下这种产品,其价格也可能会因为需求的增加发生弹性改变。因此,在你设计营销信息时,你可以就独特销售主张问自己这样一个问题:我的营销信息足够让人眼前一亮,说道:"哇,这不就是专门为我设计的嘛!"

服务性行业的产品化过程——另一种通向独特销售主张的途径

服务性行业针对的是无形产业,而产品提供商针对的是有形产业。通常来说,营销有形产业时传达价值的方法比营销无形产业时容易得多。因此,通向独特销售主张最便捷的途径之一就是将你提供的服务产品化。格雷泽-肯尼迪内幕圈成员格兰特·米勒(Grant Miller)的成功事迹就是一个极好的例子。他是宾夕法尼亚日光浴沙龙连锁店"阳光美臀(Sun Your Buns)"的老板。我从格雷泽-肯尼迪内幕圈出版的《〈不看资产负债表,照样营销赚大钱〉快讯》[1]全文中转载了有关他的事迹,收录在本书后面的附赠章节中。因为他的成功事迹向我们展现了全套终极营销方案是如何运作的。接下来,我将简单描述一下他的产品定制化策略,并且向您展示一个具体案例,即他的会员专享服务和特权。

根据下面的描述,阳光美臀的会员分六个等级,每个等级享受的服务和特权以及每月的会员费都各不相同,其中会员费是通过会员们的信用卡每月自动扣取的。值得注意的是,会员费一直都是在每月的第一天自动收取,这时沙龙还没有开始提供任何正式的服务。总之,无形的服务可以通过组织和包装,使之成为有形的产品,在这个例子中,有形的产品就是会员的身份。

---

[1] 这是格雷泽-肯尼迪内幕圈的几种业务通讯之一。

面对潜在客户的问题,你的独特销售主张就是答案

当你第一次做好准备,为你的业务吸引新的潜在客户时,你必须要回答这样一个关键问题,即有关受版权保护的独特销售主张的问题。

问问你自己:"为什么面对众多机会,客户要选择我的业务、产品、服务?"

我之所以会问这样的问题,就是要让商务人员了解,什么是独特销售主张,并激发他们的潜能,让他们设计出让人眼前一亮的独特销售主张。如果你无法回答这个问题,那就说明你并没有找到适合自己的独特销售主张,更严重的问题是,这意味着你很有可能走上了歧路——你之所以能打开销路,是因为你采取了低价攻略,占据了有利的地理位置,具有非凡的亲和力,或者你凑巧是当地唯一的供应商。但是一旦有新的竞争者出现,这些讨巧的因素就帮不了你了。因此,你最需要的就是有属于自己的独特销售主张。

格兰特·米勒提供的会员服务案例

双面促销卡的正面印有会员等级(每月从18.88美元到98.88美元分为六级),每个等级的日光浴间都配有图片。(见右图)促销卡的背面(右图未示)则印有首次光临的会员能够享受到的优惠,即首月优惠价格以及可免费参加一次周末航游活动。为了方便顾客计算,卡片上还印了各个等级一年间的会员费用,从226.56美元至1186.56美元不等。另外,还有购买产品的费用,一次性升级的费用,以及一

些辅助项目的费用,如牙齿美白项目和激光皮肤治疗项目。

向顾客提供难以抗拒的优惠,提升产品的独特销售主张

我在俄亥俄州长大,曾开过一家广告公司,公司地处克利夫兰和阿克隆之间的一个乡村社区。每年冬天都会有那么十几场大雪封住村子的道路,给人们的出行带来了极大的困难。每到这时候,我只得待在家里,公司的业务也要暂时搁置。那时的条件可比现在差多了,没有哪户人家家里配了电脑,也没有互联网。因此,离开了办公室,想要在家好好处理公务基本上是不可能的事。

有一天,外面下着暴雪,透过公寓的窗户,我看见一位邻居正迎着风在雪地里艰难地前行。我看见他走到车子旁边,刮掉覆盖在挡风玻璃上的冰块,掏出打火机,对着车门栓烤了一会儿,好不容易才打开车门,发动车子,然后慢慢地消失在了暴风雪中。看到了这番情形,我不禁问自己:"我很好奇,是什么样的动力能让一个人在这样恶劣的天气里还坚持出行?"事实上,做营销也是这个道理,营销事业不断激发着人们的积极性,让人们不断地采取行动。很多时候,人们并不是完全主动地去做这些事情。

接着,我又想起了几年前的一个冬日,那天也下着暴雪。为了和当时身在莫瑞州立大学的女友共度周末,我可以说是冒着生命危险从俄亥俄州的阿克伦城一路驾车前往肯塔基州,这一路可谓惊心动魄,我的车子也受到了重创。有那么好几个小时,雪下得实在是太大了,我连车子前面的车标都看不见了。桥面上结了厚厚的一层冰,为了安全起见,我还得掉头绕路走。面对诸多障碍,我仍然坚定地一路向前。

我为什么如此坚持?因为在肯塔基州的莫瑞,等待我的是"一个让人难以抗拒的提议"!

至于这个提议到底是什么,我就不便公开了……

如果你能想到一个足够令人感到难以抗拒的优惠提议，那么你就可以说是真正地进入状态了！比如说这样的一个提议：每人只需198美元，情侣或夫妻只需396美元，即可入住拉斯维加斯酒店的豪华小型套房，紧邻著名的拉斯维加斯大道……另外附送知名艺人的演出门票……冰镇香槟送到你的客房……无论你是在赌博、玩老虎机，还是坐在休息室里，都可以无限畅饮各种饮料……提供1000美元的赌本……赢了都算你的……另外，我们可以确保你至少能赢到一台电视机或一枚人造钻石戒指作为特别福利。当然了，不是谁都能占到这样的大便宜。我们的度假套餐数量不多，先到先得，现在剩下的机会越来越少了！设想一下，如果你相信这个提议，你将会以怎样的神速向对方致电预约？你会不会赶在活动截止日期之前冒着暴风雪开车去邮局取订货单？

其实上文中的提议确有其事，提出者正是鲍勃·斯塔帕克（Bob Stupak），原拉斯维加斯世界酒店（现在的高塔酒店）的企业主，也是我在拉斯维加斯见过的最精明的营销人士。多年来，鲍勃的酒店一直客满，等待入住的名单长之又长，客人们提前几个月，甚至几年预付房费。这一切都得益于他设计的那个令人难以抗拒的提议。通过出售这样的旅行套餐，鲍勃手头上有了大量的流动资金，他利用这些资金将那低矮简陋的小旅馆发展为富丽堂皇的双塔度假景点。

就像斯塔帕克的做法一样，不管你用免费的，还是近似荒唐的叠加优惠，你都是在使用价值驱动型的独特销售主张。

在正确的地点和正确的时机采用正确的独特销售主张

有一次，我和我的一位客户内德·艾伦（Ned Allen）共进午餐。我们边吃边聊，内德当时是退休人员社区规划开发商，他谈起了自己在当年国内经济萧条时期是如何创办牛排啤酒连锁餐厅（Steak and Ale）这一知名餐饮企业的。那时的他用仅有的2000美元成功开创了第一家饭店，生意十分红火。接着，他就一心扑在事业上，在经济衰退来袭之时又另外开了七家饭店。

内德说："在那个特殊的年代，我们必须迅速地转变思维方式，才能应对经济衰退给我们带来的挑战。我们推出了新式低价又具有更高感知价值的菜品，让顾客能以超低价格坐在环境雅致、充满情调的牛排餐厅里，享用正宗美食。可以这样说，我们的产品是应时而生的。"

在我写作本书的第一版时，很多人，包括内德，都预计到人们又会迎来另一个长达三四年的经济衰退时期，这下子他又要忙着准备适合这一时期的产品了。这一次，内德推出的是一种新型的活动房，这种房子比普通的房子要小几百平方英尺，因而造价也低得多，但是由于其特殊的内部构造，活动房的真正空间其实比你想象的要大得多。此外，活动房的设计还包括了不少新奇花哨的元素，也因此增加了它的感知价值。

内德以500万美元的价格将当年投资2000美元的牛排啤酒连锁餐厅卖给了绿巨人食品集团，挣得一笔不菲的财富。接着，他又设计出了新型的"旅宿汽车"式迷你养老院，创造性地为佛罗里达州的人们觅得了低成本退休生活的方式，这更是让他财源广进。

当然，人人都知道，恰当的时机是事业成功的重要因素之一。但是如果你能在正确的时机提出适合顾客的独特消费主张，你的事业就更有可能一飞冲天。

针对以时机为导向的营销信息的两大基本应对方法：

第一，像内德经营牛排啤酒连锁餐厅那样，抓住特殊的历史时期带来的特殊机会，调整做生意的方式。他改变了原计划，提升了餐厅的档次，推出的产品和完美服务迎合了那个时期人们的心理。采用这一方法时，你一定要相信一点，那就是当前时期的社会背景。一般来说，社会背景在几年间不会发生太大的改变。这就是你需要抓住的机会，你要深入探究当前社会，灵活确定事业发展的方向，这样才能保证事业长盛不衰。

第二，根据时间因素进入某一行业。最近，我介入了一种复杂的三方咨询关系中，一方是金融服务业的营销专家马特·扎古拉（Matt Zagula），另一方是卓越咨询，养老金保险领域内一家正在快速发展的销售机构，约有1000名代理人，但是因为大势所趋需要将其规模扩大一倍。他们的目标市场是战后婴儿潮（1946～1964年）末尾阶段的出生者和投资意识保守的年长者，这些人都看中了这种安全、有保障的储蓄手段（坦白说，也就是不想在与世长辞之前就把钱花完了），以及对方提供的可靠建议。从营销的角度来看，由于拥有大量可供支配的闲钱的客户数量急剧上升，从2009年一直持续到2011年的国内外经济衰退与动荡的局势让这些人倍感焦虑不安，华盛顿方面有关重组社会保障制度的讨论以及奥巴马医改计划的施行等一系列因素，从营销的角度来看，都将掀起一阵完美的社会风潮。因此，我认为此时就是向这一产业投入大量时间和金钱的绝佳时机。

如何以"用价值促营销"的方式强化你需要传达的信息

我早期的一位业务导师经常这样说："如果你的企业没有任何价值可言，那么你就可能被任何一种不利因素击垮。"打败你的原因可能是各式各样的：衰退的经济、新的竞争者等。这些都能让一个缺乏价值的企业陷入危境。

快餐行业从来不乏经典的成功事迹，但是麦当劳（McDonald）餐饮帝国的崛起无疑是最具传奇色彩的。麦当劳的创办人雷·克罗克（Ray Kroc）毫不动摇地坚持一致性原则，比如说，爱荷华州的麦当劳里出售的食物必须和加利福尼亚州的麦当劳出售的食物一模一样，正是这份近乎狂热的坚持才有了今天的麦当劳餐饮帝国。除了麦当劳以外，还有多少家全国连锁的餐饮店能做到这个份儿上？只有为数不多的几家，他们通过几十年的努力，现在正向麦当劳看齐。

美国联邦快递公司（Federal Express）自创了一个行业，并在推动其发展的同时成为了业界的龙头。联邦快递之所以能成功，关键是因为其兑现了按时按需送达业务的承诺。还有很多关于该公司员工的经典故事，他们为了遵守企业的根本价值观，做出了很多常人难以做到的事。但是对于我，一个每年在联邦快递上花费几万美元的人来说，最近他们的可信度似乎不如从前了，我真心希望他们不要受到物流业整体风气或者是高成本、低素质员工队伍的影响，就此放弃联邦快递的核心价值。

以彼得曼的邮购目录（Peterman Catalog Page）为例

在我的《不看资产负债表，照样营销赚大钱》（No B.S. Marketing to the Affluent）一书中，我特意载了J.彼得曼的故事。如果你不熟悉大名鼎鼎的J.彼得曼目录，可以登录www.jpeterman.com去了解一下。彼得曼和他的团队在邮购产品目录这一块做得非常成功，他将人们的情绪、情感联结以及价值观导入了自己的产品中，这就是他的卖点所在。

举个例子，彼得曼的目录里最新列出了一件价格159美元，看起来很普通的运动外套。（产品目录如右图所示）

其实，你可以在其他很多地方买到做工好、版型正的运动外套，价格也只要159美元的三分之一——在彼得曼的产品目录送到你的邮箱之前，你可能是这样想的，但是当你看了他的邮购产品目录之后，你就会对这件商品产生兴趣了。我之前也谈不上多喜欢这种外套，但是目录中的商品却让我有些心动了。由于我衣柜里的运动型外套和秋装夹克已经够多了，这才让我控制住了购物的欲望。

我有一个安杜弗学院（Andover）毕业

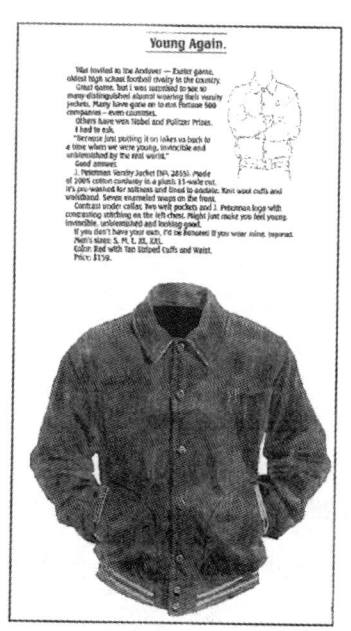

的朋友兼生意伙伴，他曾带我去安多弗参观。看着手中的产品目录，我突然发现这件衣服仿佛又带我回到了那个时候，我正走在赫赫有名的安多弗校园里，心中别有一番滋味。接着，我似乎又来到了圣母大学（Notre Dame），然后是海波特大学（High Point University），我还幻想着自己是当时传媒学院的顾问委员会成员。作为一个没有读过预备学校，更没念过大学的人来说，这件外套为我营造了一段想象中的青葱岁月，让我无比"怀念"那些我从未真正体验过的大学时光，还有那一场场幻想中的足球比赛。

真正的卖点不是这件外套本身，而是重新找回逝去的青春。

对于四五十岁的中年人来说，穿上这件外套的同时，他们逝去的青春似乎也被找了回来。这不只是一件衣服，而是一架能够带领你穿梭时空的时光机器。彼得曼的广告词写道："年轻……总是战无不胜。"那正是美国汽车公司（American Motors Corporation，缩写为 AMC）1972 款剑鱼（Javelin）系列 AMX 顶级小型车带给我的感觉。我仿佛回到了年轻时那段放荡不羁的时光，那时的我开着车在乡间小路上一路狂奔，也不去管什么超速罚单、什么关系车险的行车记录、什么谨慎驾驶防止事故。我那时的生活真是太潇洒了。我认为到了某个年龄的人都有这种热切的期盼，想要找回年轻的感觉，于是不同的人开始以不同的方式寻求这种感觉，而商家也就可能用各种不同的包装向顾客推销。很多人并不需要秋装夹克，或是一辆经典款的汽车，我就有这样一辆汽车……还有很多人出于一种责任感，坚决不买不需要的东西，这种情况在经济萧条时期十分常见。但是这种找回青春的渴望超越了需求，这种渴望比单纯的需求强烈得多，它寄予了人们超越平凡的希望。

重要的是，你应该知道，大多数人不会付出多少实际行动，让自己的理想状态成为现实。

举个例子，大多数人不会为了重新体验年轻的感觉而严格遵守低卡路里的地中海式饮食方式，每天锻炼 30 分钟，按照要求补充各类营养元素，

> 终极营销的第一个成功要素：
> **正确的信息**

并搬离喧嚣浮华的都市，去一个没有压力的地方生活。但是，如果人们可以通过购买某种产品——这类不需缴税的简单行动一解心头之痒，他们当然愿意掏钱满足自己的愿望了。比如说，在便利店结账时再顺手买一个好玩的悠悠球或这样的一件外套，再比如说，一个60岁的富翁可以娶一个22岁的年轻妻子，或者也可以是老妻少夫这样的搭配。这就是美国人高度重视的价值——年轻，包括年轻的外表和年轻的心态。

最近，我和我的文稿代理人一起外出访问。五年前，追求简单生活的他搬离了纽约，来到了伯克希尔丘陵地带（The Berkshires）的一个仅有1100名居民的小镇上。他的家离哪儿都不远，每天他都会从家步行至他的办公室、餐厅或邮局（因为当地没有邮递业务）。他闲暇时就坐在自家的院子里，观察各种小生物，傍晚时仰头看看夜空中的星星。和他曾居住过的大城市不同，这里没有刺耳的警笛声，没有街道人群的喧闹，也看不到人行道旁堆积成山的垃圾袋。他的邻居们都是自己到邮局取邮件，把自己的垃圾带到垃圾场处理，在五金商店里买材料。他奉行极简主义的生活，在这里享受着宁静、祥和的日子。

这样的生活也十分吸引我。但是我不会完全放弃现在的生活，更不会一时兴起，和我的那位友人一样回归田园生活，至少现在我不会这样做。但是，我可能买一本大型的画册、一系列碟片，或是其他什么能给我带来田园生活般感受的产品，抑或是彼得曼出售的、深受追求简约生活人们喜爱的法兰绒夹克和手杖。我没有必要以实际行动满足一时的冲动，对我来说，购买那些可以为我带来美好感受的产品就足够了。

在很多人的记忆或想象中，小城生活都与"简约主义"、"诚信友爱"、"家庭生活"等人们价值观中最珍视的部分有着千丝万缕的联系。这样的人通常都会购买能够让他们联想起小城生活的商品。达林·加曼（Darin Garman）是我的一个老客户，他面向全世界营销爱荷华州的公寓大楼和商用地产的投

资项目。很多和他联系的投资者都远在千里之外,他们看重的是达林·加曼提出的"美国的心脏"的房产概念。他还在营销信息中描述了自己在爱荷华州的塞达拉皮兹这个典型的美国小城里生活的美好时光,吸引了大量的投资者。这些投资者中有很多人的祖上或亲友都生活在这个小城,但是现在他们都在纽约、洛杉矶、华盛顿甚至是国外定居。

如何与妈妈们建立联系

事实是这样的。妈妈们都倾向于选择传统品牌,因为这些品牌曾经伴随她们这一代人成长。成为第一品牌就是要求产品的质量过硬、价廉物美、值得客户信赖,而品牌的主导地位只是其次。因此,你必须要在行业内的某一方面有过人之处。另外,据报道,87% 的母亲表示很高兴看到广告中妈妈与他们的孩子同乐的画面;86% 的母亲希望看到自己的种种辛劳可以得到承认。(数据来源:育儿小组调查;AskSmartyPants.com; BIGresearch.com; MarketingtoMomsCoalition.org)。妈妈们心中有一种理想的生活状态,即使她们无法时刻保持这样的状态,但对她们来说,这正是她们向往的家庭生活。如果某种营销信息可以为妈妈们营造出这样的生活氛围,那就可以算得上是十分具有说服力的营销信息了。

现在我正和我的客户艾伦·里德(Allen Reed)合作,在营销中融入类似"安迪·格里菲斯"(Andy Griffith)式简单生活的情景剧剧情,通过里德·肯尼迪农场新鲜冰淇淋这一品牌,运用直邮的方式让全美大众足不出户就能尝到新鲜可口的冰淇淋。

你必须要知道一点,那就是任何产品或服务都可以与某些价值联系起来。下面就是我为高伦雅芙祛痘产品写的广告词,面向的人群是妈妈们。显而易见的是,广告词的重点没有放在产品本身,而是放在了这些产品所扮演的角色上，以引起妈妈们的共鸣。

针对"妈妈"而写的广告词

"我还是待在家里好了。"孩子又这么说。妈妈，你的女儿是不是也会捂着自己的脸，偷偷地哭呢？

青少年时期是你家孩子的年华，她将体验多少个人生中的第一次：第一次工作，第一次约会，第一次接吻，第一次谈恋爱。岁月如梭，青春年华转瞬即逝，因此我们没有理由让青春痘破坏这美好的一切。妈妈们都希望那些年能够给自己的女儿留下美好的回忆，然而，没完没了的青春痘却让孩子尴尬不断，给本该快乐的时光抹上一层阴影。但是现在我们已经有了对抗青春痘的产品。作为妈妈们的首选，该产品由专业皮肤科医师研制，万千青少年使用证明有效，在家就能进行治疗……

（以上广告词节选 © 2011/ 高西 - 伦克公司 版权所有）

你的重要任务是什么

随着时间的推移，我的商业利益的本质属性已经发生了很大的改变，但是我总会把它们和这样的一个任务联系起来，那就是尽责地向更多人（不只是某些个人或企业）传授成功之道。

过去，人们只能通过邮购相关课程的书籍学习我传授的成功之道。后来，我又通过办讲座、上电视宣传的形式为人们答疑解惑。接着，我又为其他的出版商开发产品，与出版商和直销商咨询协商，甚至创造并发展了一个称之为"信息营销"的完整产业。

现在，通过面向几百种不同的产业、业务和职业的咨询员和营销顾问构成的网络，每年有100多万企业主可以了解到我的成功教育和系统营销理念。

比起银行账户里越来越多的存款，这一切给我的商业活动赋予了更大的意义，给人们带来了一种不同的、更高层次的创造力、灵感和持久力。在我的客户、书刊的订阅者和读者中也产生了一种广泛的共识，那就是我与他们之间的关系并不是普通意义上的商人与消费者之间的关系，我们之间的交流和沟通也不只是钱货交易的过程。这不是虚假宣传，我认为这是维系持久且成功的事业所必需的一个重要方面，也会大大增强营销信息的力度。

在我看来，奥普拉（Oprah）是我们这个时代的演艺圈里最富有的人，至少是最富有的电视工作者。她的白天访谈节目已经播映了很多期了，这是她事业的基石和财富的来源。但是，对她来说，这些访谈节目似乎并不仅仅意味着一场节目秀或一张付薪水的高额支票。她俨然已经成为了某种哲学的倡导者、众多事业的支持者。特朗普（Trump）的房地产事业一直号称"永远改变纽约的天际线"，这几年以"最佳代表"为名义的品牌发展运动也开展得如火如荼。最近，我到俄亥俄州哈得森镇大街上的一家小店喝咖啡，发现好几家海蒂咖啡店都雇佣了有智力障碍的年轻员工，并且支持一些相关的活动，比如残疾人奥林匹克运动会。

我列举上面的例子并不是说你非得出于什么慈善的目的或有什么饱含人生哲理的动机才能从事商业活动。我也不是那种赚了大钱就心虚的人。但我倒是发现了一点，那就是如果一个企业主能够拿出赚钱时的那种积极性来对待自己在做生意时必须恪守的价值观和设定的重要任务，那么他就算得上是功德圆满了。

华特·迪斯尼为自己事业的大获成功兴奋不已，但是比起累积个人财富，他在实现自己的理想——建设迪斯尼主题公园上倾注了更多的心血。有一天，他正开车回家，路边展馆里的一辆崭新的轿车吸引了他的注意力，他心里盘算着："天啊，我真希望自己能买下那辆车。"他继续向前开了几条街，这时才反应过来，"嘿，我本来就买得起嘛！"

我认为，当你有一个重要的任务需要完成的时候，你就会发现成功地终极营销的第一个成功要素：
正确的信息

创造并传达令人心动的营销信息不仅没有你想象的那么难，甚至还是一个挺有趣的过程呢！

是时候"汇总"你的营销信息了

让我们先搞清楚定义，你的营销信息就是你以广告、营销、线上和线下媒体、直邮、面谈等各种方式向他人传达的有关你的生意的信息。营销信息的核心内容中必定包含一个需要你持续传达的基本的、永久性的信息。在不同的时间，出于不同的目的，你可能会为这一信息开出不同的条件，提出不同的主张，展开不同的推销方式，做出不同程度的提高。面对不同的客户，你可能还要按照他们的要求进行具体设计。但是万变不离其宗，你需要向人们传达的信息始终都是围绕着你能创造出的最完整、最引人注目的独特销售主张展开的。

可以确定的是，你应该很有"兴趣"打开一个大箱子，把里面上百个部件、碎片、螺丝、螺栓全倒出来，然后仿照箱子外包装上印着的图样将这些小玩意儿组装在一起，拼成一个小书柜、电脑工作台或是其他什么东西。现在的情况也是一样，你的手里只有营销信息的散碎片段。事实上，这就是你的起点所在。你要记住我们在本章讨论的所有内容，准备好足够多的3×5英寸大小的空白卡片，开始将自己了解到的重要事实、产品特色、消费者的收益、产品承诺、销售组合和想法记录在这些卡片上，然后开展集体讨论会，深入了解自己和竞争对手在业务领域内的相关事宜。

接下来，按照你列举出的这些条目对于顾客的重要性以及它们将你区别于其他竞争者的能力大小，将其排列出一个先后顺序来。

通过这样的练习，或许你可以得到灵感，想出一个最合适的独特销售主张、一个合理的销售故事，以及一个或多个相关的提议。

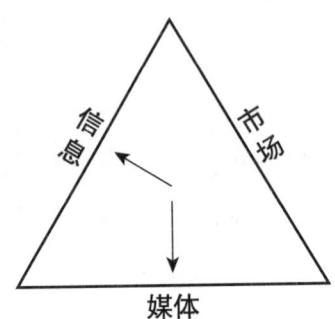

无论你最后选择了怎样的目标市场，或者是在发展营销信息之前就选择好了目标市场，或者是你为了迎合市场对营销信息做了怎样的调整，在传递和展示营销信息时如何组合并使用各种媒体，在你恰当地展示出这些营销信息时，都要牢牢记住一些关键的建议。

沟通之战

有关伦纳德（Stew Leonard）连锁超市的故事已经流传很久了，但是在今天，这个真实的故事仍然给人以启迪。伦纳德连锁超市的名气很大，每天这里都会进一批鲜鱼，由工作人员进行仔细的包装，最后在鱼身上显眼的位置贴上一个大大的标签"**鲜鱼**"，最后放到冰柜里陈列出售。

伦纳德超市以此传递了正确的信息，因为喜欢吃鱼的人喜欢吃的必定是新鲜的鱼。在那个时候，很少有超市愿意这样大费周章地进一大批鲜鱼。于是，"**鲜鱼**"这一简单的营销信息就成了制胜的独特营销信息，为伦纳德超市打开了销路。凑巧的是，这一正确的信息也正好打入了正确的市场。

终极营销的第二个成功要素：
展　　示

光临伦纳德超市的大多数顾客是高档消费者，他们买得起价格较高的鲜鱼，有时间并且愿意做鲜鱼料理，也喜爱品尝这样的美味。但是，伦纳德超市还是漏掉了一点，那就是这些鲜鱼只能静静地躺在展示柜里，看不出一点鲜活的样子，也就是说，在鲜鱼的展示方面还需要做进一步的改进。

有一位顾客告诉伦纳德超市的工作人员，她希望在超市里可以看到真正的鲜鱼，就像码头的鱼市里的那样。伦纳德采纳了这个意见，但是真正做起来的时候才发现好像也不是那么回事儿。码头边的鱼市里的鲜鱼都是没有经过包装，就那样随意地摊在冰块上的。伦纳德超市的工作人员商量过后，决定用两种不同的方式展示每天进购的鲜鱼：他们沿用原来的做法，将一部分鲜鱼清理干净后进行仔细的包装，再将另一部分鲜鱼不做任何包装地放在冰块上，再放上一个标签，写着"鲜鱼市场"。

你们猜结果怎么样？超市的鲜鱼成交量比原先多出了一倍多。

1983年，我开始指导脊椎按摩师做好市场营销工作。很快我便发现了一点：比起那些穿着随意，也不对员工的穿着做任何要求的按摩师来说，那些穿着医生的白大褂，脖子挂着听诊器（实际上他们也用不上这东西），并要求员工也要穿着医护人员制服的按摩师的生意明显要好得多。我们衡量其成功的标准具体有：真正的付费客户占潜在客户的比例，按摩活动的规模和增长势头，转诊病人的数量，收诊费用的高低，以及按摩师的总收入。在将这些数据制作成表格并进行具体的分析后，得到的结果与我的预想一致。因此，我一直坚持对找我咨询的脊椎按摩师或是其他职业的工作人员说，要考虑到客户的需要，用最能让客户放心的方式"包装"自己后，再出现在客户的面前。比如说，在宣传活动中，我们从不会使用一张穿得不像医生的医生照片。

最近，我为一家公司提供了咨询服务。这家公司出售的是女性个人护理用品。产品的定价相当高，通过印刷广告和直邮广告的方式做宣传，在客户主动打进电话后电话销售专员进行处理，成交后通过优先有序将产品

寄送给对方。然而这家公司的退货率却高得惊人，这对直销公司来说无疑是致命的打击，无奈之下他们只得向我求助。客户退回来的大多数产品的包装都是完好无损的，这让他们更搞不清楚状况了，客户们连用都没用过，怎么就会不满意，还要退货呢？不过，我一眼就看出了其中的问题——这家公司的宣传展示工作做得不到位。这些产品都装在简易的褐色包裹里，外面贴着不起眼的黑白标签；拜优先邮递服务所赐，这些产品总要在路上折腾三五天乃至七天才能送到客户的手里。等客户迫不及待地打开了包裹后，却发现里面的产品包装得如此灰头土脸，而且也找不到任何售后保障说明。在我的建议下，这家公司改用了更加精致的包装箱，通过联邦快递保证将商品在三天内送达，内包装也变得更加华丽，并且附送一封致客户信和一张碟片，向客户宣传其产品优势。这样一来，对方不仅将退款率减少到了一半，还另外吸引了大量的客户，净销售额增加了30%。

在很多方面，太过寒碜的展示环节都会损害到你的利益。比如说，在产品初次出售之前进行的广告宣传和市场营销做得如何；在产品销售的时候，你的商店或办公室是否气派，你和你的销售人员穿得是否体面，举止是否得体，语言是否合宜；在产品售出之后对客户的回访和保障工作做得如何等。也就是说，营销信息在三个方面起到了重要的作用：在售出/买入之前，在售出/买入的过程中，在售出/买入之后。凡是能够促进销售的因素都是我们关注的对象，但是对于你来说，还需要在上述的三个方面细心核查，把好关。

终极营销的第二个秘技：
让他人清楚地了解你的意图

在展示产品时，最忌讳的就是无法向客户传达有关产品的重要信息。也就是说，虽然你对该产品了解很深，但是他人并不了解。来食品店买东西的人并不知道所谓鲜鱼到底是不是真的新鲜，店主以为自己只要开口说了"这

终极营销的第二个成功要素：
展　　示

是新鲜的"，大多数顾客就会这样认为；邮购高价个人护理产品的女性消费者也不能确定自己收到的产品是否质量卓越，优于其他品牌，因为在她们看来，高档商品的包装应该不会是这么寒酸的样子。很多广告活动、营销资料甚至是面对面式的销售脚本都犯了同样的错误——他们传达的信息不够到位。

展示环节的关键因素之一：做到组织有序

顾客决定购买产品或采取行动时通常要先经过五个步骤：

回寄一份订货单、礼券换奖品、预约、来到店铺、购买产品或服务。哪一种产品或服务，无论是对客户进行的营销，还是企业之间的营销，这五个步骤都属于既定程序：

- 第一步：提醒人们认识到自己的需求和（或）愿望
- 第二步：挑选能够满足这种需求和（或）愿望的产品或服务
- 第三步：挑选这个产品或服务的来源
- 第四步：接受这一来源开出的价格
- 第五步：寻找即刻行动的理由

有时候，你必须从第一步开始进行产品描述，但有时候你又必须从第二步开始。比如说，一家卖狗粮的公司就应该从第二步着手，而一家卖宠物狗维生素的公司就必须从第一步做起。决定好从哪一步开始进行描述是至关重要的。

再把你的广告黄页拿出来，翻到你从事的行业领域的那些广告（或者访问相关的网页），检查一下你自己的营销资料。看看这些广告从标题到结语，是不是按照上面总结出的步骤一步步进行描述的。

你的结论应该和我的一致，那就是大多数广告并没有跟着上述的五步

走。相信我,他们都犯了大错。借助任何一种媒介展示的营销信息都应该按照这一安全且证实有效的结构框架进行描述。

下面让我来举几个经典的例子。

例1:

前面也提到了,多年来,我在脊椎按摩师的职业圈子里做了大量的咨询工作,帮助他们行之有效地营销其服务。虽然我把他们看作是自己的朋友,但我还是要说,他们真是一点营销头脑都没有。其中大多数人在借助媒体进行营销的时候总会偏离上面总结出的模式,但是在我看来,任何一个市场营销人员都不能跳脱这个模式,他们要做的就是严格按照这五步走。

对于脊椎按摩师来说,第一步就是要主动唤起人们的需要或愿望:提醒人们,让人们意识到自己正长期饱受头疼或背疼或颈部僵硬的折磨;意识到自己正在大量服用各种药丸药剂,甚至还要借助酒精的力量才能缓解这些症状;意识到自己内心深处是多么渴望拥有健康强健的体魄。作为脊椎按摩师,还是不要指望普通大众能够在不受外界影响的情况下自己想通这一点。

终极营销的第三个秘技:
详细而彻底地排除各种假想

接下来必做的第二步就是让人们知道,脊椎按摩疗法作为一种非手术、非药物的替代疗法,可以安全有效地缓解或治疗人体多种不适症状。在完成了第一步和第二步后,第三步就是让一位脊椎按摩师向人们展现其在实行独特销售主张时传递的营销信息和营销供给物。

很多对脊椎按摩法的广告和营销工作都是直接跳过第一步和第二步,从第三步开始,这样的宣传活动就很难取得什么好的效果。

终极营销的第二个成功要素：
展 示

例2：

我在本书的前面也提到了，有一批专门为战后婴儿潮（1946～1964年）末尾阶段的出生者和老年人工作的金融顾问，为了取得最好的结果，他们必须严格遵守这五个步骤。代理人为了得到潜在客户的授权，讨论该客户的私人财务事宜，首先（第一步）必须让这位年长的客户意识到（并产生焦虑感），因为自身的无知，再加上政府方面或他的会计师封锁消息，他会失去多少重要信息的知情权，这又会给他带来怎样严重的后果，造成怎样巨大的损失。告诉潜在客户"令人震惊"又让人不安的事实，以此唤起对方的相关意识。下面的几个例子就是这些顾问在召开免费讲座或发放免费书刊时使用的营销信息中的要点。

发现：

1. 奥巴马的医疗保健计划到底会对你造成何种影响？

你需要知道的有关奥巴马2,000页医改法案的那些事！你的权益是否能得到保障取决于事情的真相，但是媒体对此却守口如瓶。

2. 怎样利用政府那部分鲜为人知的资金支付自己的养老院账单？

3. 退伍军人怎样才能月入1949美元（免税）以支付长期医疗费用？

不告诉退伍军人如何拿到自己应得的收入就等同于犯罪！

4. 如何保护你的家庭收入远离令人厌恶的新"医疗税"？

5. 警告：夫妻两人中一人患病且需要照看，就可能会让他们抵押自己的房子，花光两人的所有积蓄。但是只要事先做好计划，就可以避免引起这种严重的后果！

6. 警告：为什么你的人寿保险可能让你成为税收政策中的"冤大头"，你该如何应对。

7. 警告：可撤销生前信托中暗藏的错误——当心你的钱被坑了。

保险推销员出售保险，律师出售信托——但是大多数人都搞不清楚自己买回来的到底是什么！

8. "行动号召"：这是你挣得的钱，这是你应得的利益，这些都是你一辈子辛勤工作才得来的东西。不要因为在财务计划、保险或投资上出了差错而让这些本该属于你的财富付诸东流！

9. 额外的警告：如果你已经投资了超过25万美元或拥有超过25万美元的可投资资金，又或者是投资了共同基金，那你就要知道下面的重要信息！

税收陷阱，隐形收费——共同基金实际上就是一个"大雷区"！**股市有风险，入市需谨慎**。包括罗比尼和邓特在内的诸多专家都预测道琼斯指数很快就将跌破5000点。

10. 关于购买黄金的真相：在贝克（Beck）广播脱口秀、林堡广播脱口秀（Limbaugh）、福克斯电视台（FOX）、美国全国广播公司财经频道（CNBC）上论坛播出的电视广告和广播广告都在鼓动人们购买黄金，但是"这些人"不会告诉你，在购买黄金前或已经购买了黄金后你必须知道的那些事儿！

很多做广告、办讲座，或使用直邮广告的方式招揽客户的顾问都跳过了第二步，甚至跳过了第三步。他们一开口说的都是金融产品或金融服务，更糟糕的是，他们还说起了自己的事。在这种情况下，所谓的潜在客户根本听不进去他们说的话，因为他们并没有唤起这些客户的意识，没有让他们意识到自己现在处理财务的方式有什么不妥，这些老生常谈的对话内容是起不到什么作用的。这些潜在客户的身边围满了保险推销员、理财规划师、投资顾问和银行的工作人员，向他们兜售保险、养老金、生前信托和房产规划。然而，这种急功近利的做法往往都是白费力气。在我的指导和培养下，很多顾问学会了营销的技巧，每一次做广告宣传、促销活动的时候，他们都是老老实实地从第一步做起，取得了很好的效果。

如何制造恐慌或需求

"什么是恐慌？看见鲜血会让你感到恐慌；午夜响起的电话铃声会

终极营销的第二个成功要素：
展　示

让你感到恐慌；胸口的一阵奇痛会让你感到恐慌；在人群中和你的孩子走散了也会让你感到恐慌……恐慌有一种独特的力量，可以迫使人们去做那些他们平常不会做的事，避免产生让人感到恐慌的后果……越是能够直指人们内心恐慌的信息越是能够得到人们迫切的关注。"

——《迷恋》的作者莎莉·霍格斯黑德

展示环节的关键因素之二：激起兴趣

我不管你卖的是夹心面包、橡胶软管、工业小部件，还是任何一种人们日常生活中随处可见或习以为常的，甚至是琐碎到了极致的产品或服务，你都必须做到一点，那就是用一种能够吸引人们眼球的方式展示你的营销信息。

终极营销的大忌之一：
平庸的想法

几年前，我为一家给零售店制造安全摄像头和视频监控设备的厂商提供咨询业务。说句实话，这类型的营销业务本身没有什么能够吸引客户眼球的东西，但我还是要想方设法从理智上和情感上激起零售店主们的兴趣。我设计了一本小册子，开头的标题就起得噱头十足：

店员必看！怎样在老板的眼皮底子下面偷东西！

相信我，这本小册子一定会激起商店老板的兴趣。他一定会迫不及待

地翻开册子，饶有兴趣地看看里面究竟说了些什么。

秘密的力量

对大多数人来说，"秘密"这两个字都足以瞬间激发我们的好奇心，掀起我们内心的波澜。就像猫咪总是抓狂地挠着关闭的门一样，我们也会因为对秘密产生无尽的猜想而方寸大乱。我们总是想刨根问底。如果你肯泄露那么一点儿秘密的话，就能轻易激起人们的兴趣。试想一下：如果你或其他什么人知道了**一位医生的秘方**，可以毫无痛苦地抑制食欲，轻轻松松节食瘦身，你会不会对这个秘密产生兴趣？你认为其他人也会产生兴趣吗？如果我再告诉你，1000名肥胖病人在使用该秘方后均证实有效，你会不会更加感兴趣了？如果这个神奇的秘方之前仅限医生圈子和一些特权用户（如影星）内部使用，但最终被某人公布于众了，那么在普通消费者中会掀起怎样的一股浪潮？明白了吗，这就是秘密的力量。

在营销零售店盗窃控制服务时，我们准备告诉人们一个戏剧性的故事。我的客户曾在送货的时候与店员合谋偷取店里的商品和钱财，差不多可以说是到哪家送货就偷哪家，但是现在他已经改过自新了。让店主惊讶不已的是，这种合伙偷盗的行为居然不是什么特例，事实上很多人都深受其害。在超市、便利店和药店里，这种店员与送货员勾结行窃的概率居然是店内顾客顺手牵羊的整整三倍，且大有愈演愈烈之势。这些都是不争的事实，尽管其中还涉及人身安全和财产安全这样值得关注的话题，但是单纯地列举事实并不能激起人们的兴趣。不过，在我的客户群里，就有这么一位"传说中的坏人"可以现身说法，在向人们忏悔自己曾经的不法行径的同时，提醒人们订购盗窃控制服务的必要性。我们得到了一个绝佳的机会，可以向营销对象戏剧化地呈现我们的产品或服务。

终极营销的第二个成功要素：
展　示

你或许找不到什么戏剧性的故事来夺人眼球，但是你可以动动脑筋，添油加醋地把一个平淡无奇的故事打造得富有戏剧性。我发现很多客户都险些浪费了自己手里的一副好牌。比如说，有这么一位客户，他的公司向超过1000家办事处的老年人出售保健品。该公司有一位至今仍在世的创始人，作为一名战斗机飞行员，他在二战期间成功地击退了敌军，和奥迪·墨菲、约翰·韦恩一样，是一位货真价实的战斗英雄。但是对于老年人来说，购买他们公司的产品似乎就是承认自己已经到了垂暮之年，有损于他们的"大丈夫气概"。因此，我认为公司必须选择一位代言人，向老年人们宣传自己的营销信息，声明购买他们的产品丝毫不会影响其英雄气概，反而印证了其年轻的心态，但是他们居然放着这么一个绝佳的代言人在公司却不用！

如果可能的话，**尽量让你的展示过程更富有戏剧性**。我为电视购物节目写过很多文案，也做了很多咨询工作，这些电视广告会持续30分钟左右，看起来和普通的电视节目差不多。很多产品的广告创意平平，因此需要我的精心设计。和这些广告比起来，有些公司的产品广告可谓十分抢眼。你可能还记得《令人惊奇的发现》这个电视购物广告系列中的一部经典之作，是某汽车抛光蜡的广告，广告里的人居然点着了汽车的引擎盖，然后往上面泼硫酸！同样让观众过目不忘的还有罗恩·波佩尔（Ron Popeil）的食物脱水器，以及动力超强、连保龄球都能吸得起来的吸尘器。而需要我策划的都是一些很有难度的广告，这些广告通常都包含了访谈和对话的内容。如果产品本身有闪光点的话，策划成功的可能性就更大了。

你可以采取多种不同的方式让营销信息的展示环节变得更有趣，比如说，采用某种传播媒介，其中包括：

- 以第一人称（该产品背后的人）说故事。
- 用一组组对照影像说事。
- 请产品的忠实用户来说一说他们的使用感想。
- 揭示一些劲爆的数据和真相（如果你能制造一些争议那就更好了）。

- 在标语、标题和相关陈述上制造噱头。
- 身体力行地进行演示。

展示环节的关键因素之三：要求行动

大多数营销信息的展示都缺乏足够的力度。营销人员总是以为自己该说的都说了，却不知道漏掉了关键的信息，那就是调动人们的积极性，让人们行动起来。推销新车时，他们对观众说，"这一款就是我们新上市的汽车"，接着就没话可说了。事实上，他们应该接着说，"欢迎各位本周末到展厅看车并试驾，试驾者可以免费获得一整箱可口可乐"。再如，在推销洗发水时，他们可能只是说一句，"这一款就是我们新上市的洗发水。"同样的，他们应该再接着说，"现在拿起手机拨打我们的免费电话，或者登录我们的官方网站，你将得到我们免费赠送的试用装和5美元的代金券。"

终极营销的第四个秘技：
每次展示都要大胆地要求人们采取行动

在我初入销售界的时候，我曾听销售天王、最会激励人心的演说家金克拉（Zig Ziglar）这样说过："一个专业销售人员和一个专业观众的区别就在于，前者会主动要求订单。"金克拉还说过："做销售的要是不胆大，他的孩子就没饭吃了。"所幸，我也很认同这个观点，一直以来，从未在要求人们行动的时候怯场过。然而，大多数销售人员，包括那些平时表现良好的在内，总是莫名其妙地在关键时刻变得委婉起来，该说的话也一直犹豫着说不出口。正是由于这种小心翼翼的态度让广告宣传得不到客户的正面回应，也让营销活动停滞不前。我想问问这些销售人员，在适当的时候说

终极营销的第二个成功要素：
展 示

出自己的目的就这么让你为难吗？

后来，我有幸同金克拉一起做了两百多期讲座。我发现他总能大大方方地向客户提出订单要求。有一次，我花了整整一周的时间考察了一家公司不动产的销售情况，我装做买家，借此考察这些销售人员的能力。结果发现，所有销售人员几乎无一例外地都很懂得如何与客户建立信任，他们的态度亲切友好，提出的问题也很有技术含量，还带我去看了房子附近的环境。但是他们几乎都在关键的地方停了下来，基本没有人开口让我买他们的房子。

还有一次在劳动节的时候，适逢周末，四位脊椎按摩师加入了在闹市区的购物中心举办的健康展览会，他们专业的表现吸引了大量的路人前来咨询，但是这些人也只是问问就作罢，没有一个提出来要到他们的诊所亲自体验一把。想知道为什么吗？原来这四位按摩师都没开口请对方和他们的诊所预约。他们面带笑容地坐在那里，亲切地招呼人们过来，分发脊柱健康小册子，帮人们检查脊柱有无异常。然后再帮着量血压、解答人们提出的问题。他们该做的都做了，就是没有开口让人们到诊所来做实际的治疗。

读一读这本书！

比尔·格雷泽（Bill Glazer）拥有一家相对较小的企业，但是他真的是深谙营销之道，并将他的男装业务变成了实实在在的营销业务。他将目光聚焦在营销方式上，商品本身的地位反而次之，但他就这样迎来了事业的腾飞，门店的销售量和利润节节攀升。最终，全国超过5,000名零售商加入了比尔的商业圈子，并采用他推荐的营销方法。为了这些业主的利益，比尔写了一本书——《骇人广告的惊人成功》（Outrageous Advertising That's Outrageously Successful），这本书绝对值得一看。

格雷泽-肯尼迪内幕圈的主席比尔·格雷泽曾经营过一家男装店,现在的他已经成了一名颇有名望的广告大师。他一开始得到过我的指点,那时他打算每年都为自己的门店设计一个新的终极营销方案。比尔做了很多广告和营销的工作,他总是不忘大大方方地请顾客在他的店里消费,这是他成功的关键所在。他会给顾客发送邮件,下面就是邮件最后一页上的内容。注意看,他在这里向顾客发出了多少次邀请——我已经帮你数好了,仅这一页纸上他就发出了六次邀请!他是这样做的:

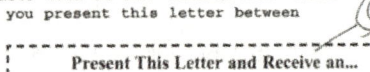
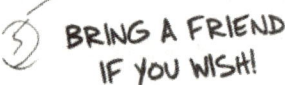

> 终极营销的第二个成功要素：
> **展　示**

每次都须触垒

即使你对棒球没什么兴趣，也应该知道这样的一条规则：击球手重击棒球，将其击出场外，计分板仍无法显示本垒打的得分，直到他跑遍全垒，触过每个垒才行。有次在体育课上，我打出了一个本垒打，开始跑垒，因为我不小心漏踩第二垒，就是没有触垒，结果被对方刺杀出局。这次经历让我终生难忘。

正确营销信息的呈现方法就是"每次不漏一垒"。这种呈现方法不做任何想当然的假设。

好的呈现方法都是力求做到简单明了，但是绝不是通过走捷径或"跳垒"来达到这样的效果。

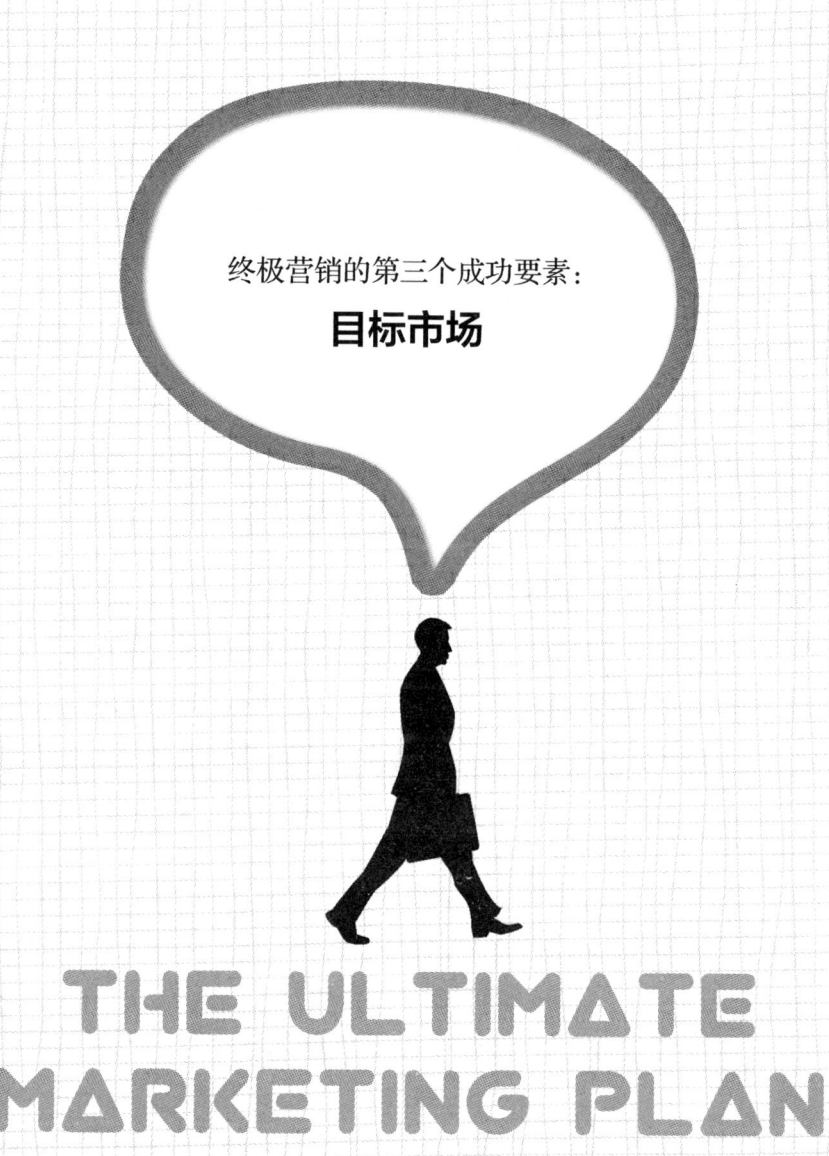

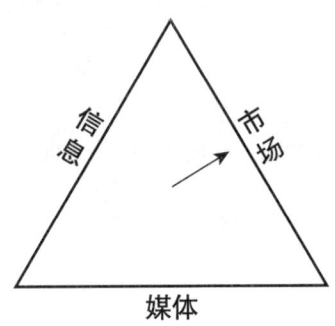

有这么一个老笑话，说的是一位妻子坚持要跟着丈夫去参加一年一度的猎鹿之行。这是她第一次参加狩猎活动，于是丈夫把她安顿在山脚下，并对她说，如果看见野鹿就朝天打一枪。事实上，野鹿是不会出现在山脚下的。接着，丈夫随着其他人马走进了茂密的森林里。不一会儿，山脚下就传来了枪声，人们赶忙跑下山，只见这位妻子正拿枪指着一个人。那人一脸无奈地说："好吧，这位女士，这头鹿归你了，但先等我把鹿鞍取下来行吗？"

显然，无论你做了怎样的全副武装，好枪、子弹和其他狩猎工具一应俱全，但是选错了瞄准的目标，一切就都是白费力气。

终极营销的大忌之二：
在错误的目标上浪费精力

我的一位已故好友盖瑞·亥尔波特（Gary Halbert）被人们誉为直复式营销之神，他曾提出这样一个问题："假设你要在镇上开一家汉堡店，现在你有机会得到一个有利条件，内容不限，那么你最希望得到的是什么？"

终极营销的第三个成功要素：
目标市场

很多人的答案都是"镇上最好吃的汉堡"、"秘制沙拉酱"、"一位大厨"，要么就是"霸气的店名、商标，或是像麦当劳大叔一样的角色"，再不就是"花重金打造声势浩大的广告宣传活动"。但是，盖瑞的回答却是"一大群饿着肚子的消费者"。

第三个成功要素就是这样一大群饿着肚子的消费者，或者说得更概括一点，是一大群对你的产品、服务或业务具有高积极性、高响应能力的消费者。在我看来，这一点的重要性远在其他因素之上，也就是说，这就是最重要的因素。

珍贵的一课

我是通过一个新奇的故事才第一次接触到目标市场这个概念，到现在仍记忆犹新。现在我学习到了更多关于目标市场的知识，这让我愈发感慨当年学到的珍贵的一课。

有一个在营销方面毫无经验的人开了一家直销公司，以每一种产品5000美元的价格出售其经销权。他先将一批价格不菲的产品包装好直邮出去，将得到的反馈信息传达给手底下的"招聘人员"，也就是销售人员，再让他们打电话联系或直接登门拜访那些潜在的经销商群体，希望可以说服他们前来参加小组会议。这样做无异于是在每个潜在经销商的身上做一笔不小的投资。有一段时间，他几乎是按照电话簿里的每一页，也就是居民住宅电话号码簿上的信息来挨家挨户地寄送产品。他也知道这么做成功的可能性很低，但是自己也想不出其他的好办法，只能这样碰运气了。一天，他发现了一种奇怪的现象，那就是在加盟他公司的经销商中，绝大部分都留着平头。当时是20世纪60年代末期，平头已经是"过时"的发型了。但是他公司的那一帮留着平头的经销商都是性格顽固的个人主义者，他们年约四五十岁，住在小城镇里，基本上都是蓝领工作者，比如卡车司机、

警察或学校里的体育教练。

幸亏他很聪明,没有对这一奇怪的现象一笑置之。他受到了启发,派公司里的招聘人员到全国各地的理发店去寻找客户,因为来理发的顾客很多都留下了个人信息。于是,他出钱买下了那些专门爱剪平头的顾客的相关信息,包括姓名、住址和电话号码!在他看来,这些人就是他的潜在客户群,果不其然,他的营销事业自此便大获成功了。

当他第一次向我说起这件事时,我便忍不住笑他荒唐。可能你也会觉得好笑吧。但是 20 年过去了,以我如今的领悟来看,那时的他就是这样偶然地撞开了机遇的大门,抓住了卓越营销的精华所在。事实上,他已经发现了瞄准目标市场的三大方法之一:**利用人口统计数据**。

你也要明白一点

每一种产品、每一种服务、每一种业务都会对某一特定的人群,而非所有人群产生吸引力或潜在的吸引力。

尽管如此,大多数营销人员还是漫无目的地向所有群体发出信息,指望有意向的人主动来找他们。运气好的话,他们就能发现理想的目标市场。这就好比你想给身在匹兹堡的姑妈传个信,于是把信的内容复印了 10 万份,然后在坐飞机经过宾夕法尼亚州的上空时将复印件全部抛出机舱外,心想没准哪一封信就正好落在你姑妈的头上。我将这种行为称作"蒙眼射箭":把你的双眼蒙住,供应给你无限量的箭,运气再差最终也能射中目标。在你射出若干只箭后,才会有一次正中目标。当然了,在射中目标之前,你的箭还可能伤到无辜的路人和流浪的小动物,并散落到草丛中、篱笆上,牵连到你周围的一切事物。

箭是箭,钱是钱。没有谁有花不掉的钱,非要玩这样的游戏。在经济景气的某个时期,人们的确过着纸醉金迷的生活,很多业主也砸钱在营销

终极营销的第三个成功要素：
目标市场

活动中玩起了"蒙眼射箭"的游戏。他们十分满意自己创下的销量和利润，却对高昂的成本和超低的"命中率"视而不见。著名投资大师沃伦·巴菲特（Warren Buffet）就有这样一句名言："只有潮水退去，才知道谁在裸泳。"正是应验了这句话，当经济衰退的狂潮席卷而来时，消费者们从潮水中及时抽身了，只剩下一帮光着身子的商业领袖站在那里面面相觑。时至今日，谁也承担不起营销市场中低效率带来的高额成本和巨大风险。缺乏目标市场的营销会给企业造成损失，威胁企业的安全。

但反过来说，任何一家企业，无论规模大小，都可以选择另一条路，进入高效率的定向市场营销模式。每一家企业都可以通过某种方式找出"最佳客户"，然后集中资源攻下这一特定的群体。只要你有志在必得的决心，就一定能找到发现目标市场的方法。

定位目标市场的几个案例

例1：

一个从事地毯清洗业务的人告诉我，自己做直邮营销就从来没赚到过钱。在我们调查他邮寄产品的具体区域时，我们发现住在那里的大多数都是租客。超过70%的人都不是屋主，只是租别人的房子住。"你怎么就选上了这么个地方啊？"我问他。

"这儿的邮政编码和我办公室的一样。"他回答道。

"你就没像平时开车去购物那样，再走远一点？"

"没有。"他说的是实话。

"那咱们现在就走，"我说着就和他上了车，花了几个小时南南北北地跑了三十几条街。一路上，我们发现很多家庭都急着给房子维修或刷漆，他们的草坪也乱糟糟地没人打理，停放在车道和车库里的车子最少都开了5年了，有的还被千斤顶撑了起来，正在维修中。

"就我们刚才在外面看到的那些场景,你还指望那屋子里能住着什么样的人?"我问他。结果自然不用多说了。

就算他在广告里说得天花乱坠也难以扭转这次直邮宣传的失败局面,想要成功,关键还在于选择一个更好的目标市场。这个做地毯清洗业务的家伙在接下来的几天内开着车跑了很多地方,这些地方离他的办公室都很远。结果发现了一家社区,这里住的人都骄傲地声称自己就是房主。

在第一个区域内,只有千分之二点五的人会回应他的直邮宣传,而在这个最新找到的区域内,这个比例一下子上升到了百分之二点五。

从上面例子中,我们明白了一点:有时候人口区别的重要性赶不上地理区别。在上面的例子中,那个新区域内的住宅不见得比原先区域内的住宅高多少档次,两处的居民在年龄、受教育程度和贫富程度上也没有多少差异。从人口统计的角度来看,这两批人是一样的。但是他们对自己住的房子的态度截然不同。对所有权的满足感是一种心态,而不是人口统计上的数据。意识到这一点很重要,因为你的最佳客户往往会拥有一种相同的心态、理念、思维方式或习惯行为,受到这些因素的影响,他们会特别愿意接受你的产品或服务。

例2:

我有很多从事不同业务的客户,他们都发现了合理选择定向市场会给他们的事业带来怎样的推动力。其中有一个人从事的工作比较特别,他是"外国新娘中间人",专门为那些情感受挫的美国男士和众多外国女士牵线搭桥。从事同样业务的其他人通常都是打打广告,让外国的女士注册相关网站,然后再向男士们出售她们的情况介绍或使之成为网站的付费会员。但是我的那位客户就不一样了,他会花一大笔钱提供全面的婚姻介绍服务,然后让那些真心想娶外国新娘且有经济实力的男士们自愿付费享受他的婚介服务。

他一直在大众读物,比如《今日美国》(USA Today)上做广告宣传。

在一次团体辅导会议上，我问他，他的客户都是些什么人。他一开始只是说："随便什么人啊。"接着告诉我这些人有的是部长，有的是销售人员、企业主，还有的是卡车司机、医生等。在我和其他团体成员的一再要求下，他回家仔细翻看了记录，发现有超过50%的客户都是离过两次婚、跑长途的卡车司机。居然有超过一半的人都是卡车司机！这下子他知道在哪里打广告效果最好了，他不再漫无目的地在各家刊物上登广告，而是将目光锁定在卡车司机读物上，他把自己的"产品目录杂志"放到卡车停车场的自取分发架上，同时锁定其他一些适合的媒体，结果利润暴增！

例3：

汤姆·莫纳根最早开办的达美乐披萨店选址不是在大学城里，就是在大学城周边。至于原因，你可以这样想一想，除了大学生以外，还有什么人会经常吃披萨呢？另外，很多大学生都会在学校吸食大麻，要知道，吸食大麻的人极易产生饥饿感，他们会饿得抓狂，到处找能迅速充饥的碳水化合物。他们这种情况，叫外卖无疑是最好的办法。我不知道汤姆有没有考虑过这一点，就算他这样想过，依他精明的个性，他也不一定会开口承认。至于到底是怎么个情况，就请大家自行想象了。关键的是，汤姆的确成功地发现了一个总是饥肠辘辘的群体。

定位目标市场的三种最佳方式

第一种也是最常见的一种定位目标市场的方式就是**按照地理位置进行定位**，我在前面提到过的那位从事地毯清洁工作的朋友采用的就是这一方法。大多数需要顾客上门或安排预约并外派销售人员的营销业务都是在一定的地理范围内进行的。他们只在本地报纸或免费商品信息材料上做广告宣传，向本地和临近地区寄送成套赠券，还把直邮广告单也寄往这些地区。

最近,利用网络,即互联网,向当地客户宣传当地业务也成了一种可行的办法。

这样的宣传方法不仅无害,还有很多益处。如果你没有读过罗素·康维尔(Russell Conwell)的经典之作《钻石铺地》(Acres of Diamonds),也没有听说过厄尔·南丁格尔(Earl Nightingale)鼓舞人心的演讲《另谋高就》(Greener Pastures),那你真该读一读、听一听。之后,你就会发现那些在你身边亟待发现的价值。从身边开始没有什么不对。事实上,不管是什么理由,合理也罢,不合理也罢,很多企业都忽视了这一点。

但是在通过地理位置定位目标市场时,你必须要记住以下三点:

1. 确定当地人的口味适合你

这种调查人口的方式花费很少(事实上不用花钱),做起来也非常容易,但是效果很好。你可以像我和我的那位做地毯清洁的朋友一样,开车多跑几条街道看看,整体感受一下住在不同街道居民的生活状态。这样四处开车转转,就会让你掌握不少信息。他们的住宅和院子看上去如何?他们开的最多的是什么样的车?如果这条街道上的小型汽车和跑车居多,那么这里的居民可能多是刚结婚的年轻人;如果豪华型轿车居多,那么这里的居民则多是中年人。车库里是不是堆放着三轮车、脚踏车和滑板,或是篮板?你可以通过这种方法定向选择符合自己要求的某个区域。另外,你还会受到启发,对你营销的主题、内容和供给物作出相应的调整和修改。

无论你的地域市场仅限于本地,或是区域性的,或是在某几个州乃至遍布整个美国、地域市场内,都存在着不同类型的"顾客群"。你在营销区域内锁定营销对象时,希望可以将那些守财奴排除出去,也希望自己可以快速地掌握相关公寓、街道、邻域乃至整个邮区的情况,还希望缩小潜在客户群所在的范围,专攻"最佳"潜在客户群,不做无用功,保证合理高效地利用资源。

注意:在选择潜在目标市场时,多下工夫甄别出最佳目标市场是保证你的营销事业获得丰厚收益的不二法门。

2. 一旦你发现某地可以作为你的目标市场，那就用尽全力主攻此地

你要取得这一市场的掌控权。按照房地产经纪人的说法，他们会通过四处"游说"来取得这一掌控权。当某房地产经纪人在某一地区内进行游说时，他会挖空心思提高自己的知名度，让人们对他产生好感。他会向该地区的每一位住户邮寄材料，挨家挨户地上门介绍自己，分发每月新闻报，赠送节日贺卡，他们还会想方设法地融入社区：比如说，在万圣节期间向住户免费赠送南瓜，赞助街区聚会和跳蚤市场等。这样做虽然辛苦，但回报丰厚。如果你擅长运用媒体，尤其是直邮广告这一媒体的话，就可以省去很大一部分劳力，甚至不用费任何劳力就可以达到宣传的目的。

任何一项零售业务或服务业务都可以向房地产经纪人那样宣传自己，这是无可厚非的。如果我开了一家花店，或是饭店，又或是汽车清洗站，我都会如法炮制，在目标居民圈或商圈内进行宣传。我会隔三差五地向每个人寄送宣传材料，每天花一个小时登门拜访每家住户，我也会赠送节日贺卡，举办休闲聚会，我还会在该地区内选定合适的目标做慈善事业。

第二种选择办法与人口统计有关。人口统计指的是对于一个具有某种相同点的人群进行数据分析和行为调查。从人口统计的角度进行选择，有时候非常简单，比如，针对处于某一年龄的人口进行选择；有的时候又比较复杂，比如目标人群是在35～45岁，既爱看《华尔街日报》，又爱看《时尚》，持美国运通卡，每年至少旅行三次，并且从网上购买衣服的职业女性。

每一种媒体都可以提供有关其读者、听众、观众或客户的具体人口统计信息。但是，由于部分媒体需要利用这些信息提高编辑质量，策划水准或产品选择能力，因此，这些媒体提供的信息数据可信度更高且更加精确。所以当你利用媒体进行决策时，一定要认真考虑这部分信息。

大多数租用的邮寄名单上也会有这一类信息。更重要的是，你可以通

过"合并清除"的方法将两个或多个名单结合起来,确定自己的潜在客户群。这个合并清除的过程相当复杂,也会耗费大量的财力。即便如此,和"蒙眼射箭"式的直邮宣传方法比起来,先就名单做好调查工作还是很划算的。

人们经常会问我有关客户名单的问题:他们问我是怎样从名单里找到理想客户的名字的。那我就告诉大家一个好消息吧:现在已经没有什么所谓的隐私了。人们已经通过各种公开数据对人口统计列表进行汇编,并通过一系列因素,比如居所情况、年龄、婚姻状况、家庭收入、净资产、受教育程度、职业等将任意地区的潜在客户集合起来。更有价值的是反馈名录,不仅会按照相同的内容进行分类统计,还会纳入一些知名的响应者、查询者、买家、订阅者或捐赠者的名字。举个例子,你可以租用向禁止虐待动物协会进行捐赠的爱心人士名单,该名单包括超过26万名捐赠者,并按照其捐赠数额、捐赠频率、性别、年龄以及所在地进行分类。可以肯定的是,这些捐赠者中的很大一部分人都在养宠物。因此,无论是本地的宠物商店,还是国家宠物产品目录公司,都会像得了宝贝一样重视自己租用的这份完整(哪怕只是部分的)名单。本地的书店也可以请写过宠物狗书籍的作者在自己准备促销的书刊上签名,以吸引爱狗人士的眼球。

你最好能够登录www.SRDS.com自己研究名单,虽然辛苦,但也值得。这显然没有你直接打电话给名录经纪人,然后全权交由他们处理来得方便,但是直接打电话的结果往往是,你拿到手的只是一份根据公开数据编辑出来的人口统计名单。另外,你也可以通过登录www.InfoUSA.com寻找名单,但如果你要找的是反馈名单的话,我推荐你登录SRDS.com。

几点忠告:第一,上面教给大家的做法对小型企业的业主来说可能过于复杂,但我也没有办法。这种营销的准备工作虽然繁琐,但绝对会给你带来丰厚的回报。如果你认为这种做法实施起来难度太大,或者压根就不能理解为什么要这么做,因而放弃了这一准备工作的话,我不会对此表示同情,也不会再给你提供什么其他好的建议。对于这种不愿出力,只想着

终极营销的第三个成功要素：
目标市场

不劳而获的人来说，就应该让你守着那点微薄的利润，尝尝事业迟迟没有起色是什么样的感觉。

第二，如果你创办的是本地的小型企业，你的租用名单至少应该包括5000个名字。例如，如果你要从月度洋蓟俱乐部找个卖家，一般来说，在你所在的小社区内，很难找出5000个来，甚至连1000个也成问题。但是，你不得不租用5000名卖家的信息，而实际只有460家的信息能为你所用。除非你能找到像你一样的美食店，储存了600种泡菜，它虽在其他城市，但是可以从租来的名单上联系到。假设你租用名单的费用是每1000个名字75美元，那么5000个名字就是375美元，但是你只用到了其中的460个名字，因此每个名字花费了你0.82美元，如果你只用到了其中的46个名字，那每个名字的花费就是8.2美元。除了这个办法以外，你还能有其他法子在你所在的地区内找出460个或46个专注于洋蓟销售的商家吗？另外，如果你想在大众传播媒体打广告，找到这些藏匿的卖家，要花掉多少钱呢？

第三，即使你想做电子商务，在网上进行交易，也不要忘了直邮广告这一高度定向的宣传方式。在我写这本书的时候，我让自己最富有的客户之一按照我设计的内容向租用名单上的某类买家和用户寄送明信片，让他们登录明信片里提到的网址，观看产品的销售视频，进而购买该产品。仅仅一年，他将寄出超过100万张明信片。

一些商用列表的例子

阿尔·弗兰肯（Al Franken）竞选参议员捐助者（40029人）

美国司机中的保险购买者——保险公司统计（600万人）

邮轮旅行的订购者和咨询者（54万人）

发薪日贷款申请人（120万人）

假日菜谱购买人（28.7万人）

带船用无线电执照的帆船和游艇船主（31.1万人）

信仰活动女性参加者（67.6万人）

健康中心咨询订阅者（19.2万人）

在《超级速滑国际》杂志登记的雪橇所有者（5300人）

共同爱好俱乐部（www.cdmlist.com）：

全国健康俱乐部（8.1万人）

美国烹饪俱乐部（57.2万人）

创意家居艺术俱乐部（30.6万人）

历史频道俱乐部（28.7万人）

全国家庭园艺俱乐部（62.2万人）

北美钓鱼俱乐部（85.6万人）

回想一下我的那位做地毯清洁生意的朋友。在驾车进行实地考察，选定开展营销工作的地区后，他的甄别能力变得越来越强了。他作出了一个合理的假设，认为处于某一收入档次的人才是自己的潜在客户群。比如说，那些年收入不足3万美元的普通家庭一般都会自己动手清洗地毯，而不会找专人代劳。

同时，他的业务支持维萨卡和万事达卡付款，因此他会更倾向于向持有这些信用卡的住户进行直邮宣传。另外，在一大家子住在一起的情况下，地毯更容易弄脏，所以他进行宣传时也会自动过滤到那些单身的住户。

他对自己的名单经纪人说："在这些邮编地区内，我需要拿到那些已婚有孩子、家庭年收入超过3万美元且持万事达卡或维萨卡的住户名单。"通过相关数据、信用卡持有者名单、财产所有记录和其他一些可利用的资源，名单经纪人就可以将符合条件的名字尽数纳入客户所需的名单中。

另外，收集现有客户的人口统计数据也会给你带来很多好处。你可以分析自己现有客户中存在某些异同点，制定未来客户的定位标准。

如果有必要的话，他可以按照反馈名单，而不是客户名单进行营销。如果他的营销对象是家底厚实的房主，那么我一定会建议他这么做。比如说，《玛莎·斯图尔特生活》(Martha Stewart Living)的订阅者，买有关在家招待客人的书刊的读者，爱看家居用品目录的消费者，或是那些经常购买厨房用品的人，都是他理想的营销对象。因为这些人非常在意自己的住所，也非常注重家庭生活质量。

3. 利用密切关系或相互联系进行营销

我很喜欢这种营销方法，曾亲身实践并指导客户使用过无数次。就拿我个人的经历来举个例子吧：从1978年开始，我就成了美国演讲家协会的一员，该协会是集合了演讲者和研讨会领导人的两大行业协会之一。我动用了各种各样的方法提升自己在协会里的知名度，几年后，我认为协会中已经有70%到80%的成员（在那时大约是4000人）听过我的名字了。这4000位成员和我有很多共同点：第一，很显然，我认识他们，更重要的是，他们也认识我。我可以称呼他们为"同事"和"资深会员"，以此体现我们之间的关系。第二，我们从事相同的商业活动，拥有相同的经历，怀有相同的顾虑，也思考着同样的问题。我算是圈子里的知名成功人士，因此其他成员都对我说的话和推荐的做法很感兴趣。

在我把目标市场锁定在协会内部的期间，我向成员售出了价值将近几百万美元的商品和服务。有几年，我收入的三分之一都来自于这个小小的目标市场。有的时候，我只需向该市场供应产品或服务的人提供特许，就可以拿到纯的被动受益。

从地域角度来说，协会的成员们来自美国、加拿大，还有其他国家。从人口统计角度来说，他们几乎没有什么主导性的共同点，这一群人中有男有女，有老有少，有胖有瘦，有保守有开放，有穷有富，有单身有已婚，还有的有家人，有的没有家人。但这并不妨碍它成为我的理想目标市场，因为我与他们相互之间存在一种联系，一种密切的关系。

我和目标市场之间的这种密切关系确实推动了我的事业发展。在我校订本书的第二版内容时，我正在针对该市场进行新产品的直邮宣传活动，

当时赚了 226400 美元。那时候的前一年，我也在该市场对另一种信息产品展开了简单的直邮宣传活动，销售额将近 60 万美元，而为我贡献销售额的客户只是这 4000 名协会成员。

我的事业在不断发展，和美国演讲家协会的规模比起来，我们成立的格雷泽-肯尼迪内幕圈的规模要大得多，而且它也成了我的主要国内市场，其他市场还包括更加专业化的信息营销协会。如今，正是有了这些目标市场，我在商务咨询、文案策划和专业指导业务中才得以结识大量客户。我高兴的时候就参加演讲活动，各种良机如雨点般向我打来。

很多其他的商人也可以和我一样，将目标市场锁定在自己所在的组织上，比如各种贸易协会或行业协会、青年商会、其他的商业团体和民间团体等。我鼓励找我咨询的脊椎按摩师和牙医每周都要走出办公室，至少花八个小时的时间积极融入他们的相关目标市场。这样一来，他们就可以利用组织成员之间的密切关系直接在组织内部进行宣传，而不必在社区内四处游说，费心思打广告了。

终极营销的第五个秘技：
调整你的营销信息并将其传递给最合适的目标

披萨行业内的战争让我感到其乐无穷。达美乐披萨找准了那个饥肠辘辘的消费群体，在派送披萨上下功夫，从而占据了行业的领先位置。那些消费者也知道达美乐连锁披萨饼店提供的服务就是专门针对他们的。我的一位朋友吉恩·兰德勒姆（Gene Landrum）写过有关企业家精神的一系列精彩丛书，他创办的查克芝士（Chuck E. Cheese）披萨连锁店以家庭娱乐为特色，取得了巨大的成功。而格雷泽-肯尼迪内幕圈成员之一的狄安娜·库图的披萨生意走的则是高端路线。这三家披萨店的宗旨和客户群体都不一样，因此即便开在同一条街上也会相安无事，各自的生意都火爆异常。

终极营销的第三个成功要素：
目标市场

在拉斯维加斯，大多数娱乐场一直都希望能够吸引挥金如土的富豪来此。我的一位熟人就在拉斯维加斯大道上的一家大型娱乐场做赌场市场开发工作。作为娱乐场的招聘人员，他要做的事就是去其他酒店、比佛利山庄（Beverly Hills）和纽约的富人聚会，甚至到日本去讨那些富豪的欢心，请他们到他工作的娱乐场下榻。这些富豪就成了他的贵宾，娱乐场为他们提供免费的客房、餐饮、演出、机票和轿车接送服务。如果他们愿意的话，还可以提供护送服务。每一家大型赌场都有像他这样的工作人员。我认识的一位富豪就形容拉斯维加斯为"10万美元免费畅饮之家"。

但是我在上文中提到过的鲍勃·斯塔派克就完全没有把精力放在这一市场上。挥金如土的富豪从来都不在他的目标名单之列。他的目标市场是中等收入者，拥有小规模企业的普通美国中产阶级人士，他们中有很多人是第一次来到拉斯维加斯。当其他人都追着那些逛萨卡斯百货（Saks）的顾客时，鲍勃更倾向于那些逛西尔斯百货（Sears）的顾客。当其他人都想让那些开着奔驰甚至是劳斯莱斯的客人住进他们的酒店时，鲍勃更希望得到那些开着旧货车的客人的关注。当别的酒店针对乡间高尔夫球场的人群进行公关时，鲍勃却打起了都市保龄球场人群的主意。最近几年，拉斯维加斯的娱乐场所又恢复了对家庭观念的重视，很多赌场努力营造出了迪斯尼式的家庭氛围，拉斯维加斯也因此一度超越奥兰多，成为美国排名第一的度假胜地。然而，在经历了"9·11"事件之后，美国的成年人似乎领悟到了及时行乐的真谛。于是，拉斯维加斯又变回了原来的那个灯红酒绿的罪恶之城，充斥着露骨的表演和颇具暗示性的广告语："你在罪恶之城所做的一切都应该保密。"最近的经济衰退又给拉斯维加斯造成了很大的冲击。这座城市的商业领袖们也纷纷忙碌起来，认真分析不同的市场和客户群体，适时调整他们的营销信息，确保不同的信息能定向传递给不同的目标市场。通过观察这些商业领袖的做法，你可以学到很多有用的知识。

针对现购买家:提高利润的秘密

在房地产业,有一种"现购买家"的说法。尽管在我写这本书的时候,整个房地产业曾一度处于低迷时期,但现购买家依然有很多,还有一部分正是从衰退的经济形势中催生出来的。在**住宅房地产**领域,现购买家包括那些因为工作、家庭或健康原因而必须重新找地方住的人,马上要生孩子的人,像情景喜剧《脱线家族》(*The Brady Bunch*)[①]那样突然组合起来的家庭,或是和"美国最贵"私人住宅的原主人坎迪·斯佩林(Candy Spelling)一样为了缩减个人居住空间而购买新公寓的人。她新买的公寓只有17000平方英尺,而原来那套56500平方英尺的豪宅,她在市场上的标价为1.5亿美元。在**商业**领域,现购买家可以指那些从房产或销售中获利,为避免重税而必须重新投资的人,他们符合美国《国内税收法规》第1031条[②]的交易条件,因而可延迟缴税。在这一领域,无论整体的经济运行趋势是好还是坏,或是表现平平,都存在由于个人时机合宜而不得不购买的情况。

现购买家也出现在**金融服务业**。他们中有的人可能刚继承了一大笔财产,也可能出售企业准备退休,还可能是存款单的投资人——靠着利息的固定收入生活,而突然利息骤减了三分之二,他现在必须进行多种投资,甚至进行风险投资。

在**收藏业界**,有的藏品非常紧俏,如果不及时买下的话就会被别人买走,在这种情况下就出现了**现购**买家。另外,由于在大多数人的一生中,只会经历一次10周年、25周年和50周年结婚纪念日,这都是人生中的大日子,因此在**珠宝业、度假行业和礼品行业**,也出现了现购买家。

---

① 该片是20世纪70年代风靡一时的家庭处境喜剧,描述了Brady家在20世纪90年代的遭遇。——译者注

② 在这一条款下,某些类型财产的交易,如专门用于生产和投资的财产,在销售时可延迟确认资本收益或损失,因此也就延迟对资本收益征收税款。——译者注

终极营销的第三个成功要素：
目标市场

　　在每个行业内，都存在着这样一群现购买家。然而商家们大都缺乏洞察力，他们没有给予这一客户群**特殊**的关注，也没有将他们与普通的消费者区别开来，采取一些特别的手段进行营销。

　　普通消费者的心思是琢磨不定的，你完全猜不出他们会不会买你的产品或服务，更猜不出他们会在什么时候购买，而现购买家就大不一样了。因此，对于商家来说，更应该抓住现购买家这一客户群。营销人员应该加大投资力度，花心思找到并讨好这一目标客户群。比起那些普通消费者，他们会给你带来更多的收益，所以不要吝啬于在他们身上投资。这一点很少有人能做到，因此，只要你有这种想法，竞争优势就会大大增强。

　　对现购买家和可以随心所欲购物的富人买家做到两手抓，那你成功的胜算就更大了。这就是将人口统计数据和环境因素相结合起来的一个例证。如果你开了一家殡仪馆，那么就将家中有 70 岁以上老人的家庭纳入你的邮寄名单，这就是聪明的营销人员做事的方式。而更加聪明的营销人员就会在这一名单中找出那些家境特别优越的。35～55 岁的离婚人士正是减肥、健身、美容、牙齿美容和整形手术市场的主要目标，而其中收入较高的那一部分人群就更是绝佳的目标了。这个道理就不用我多说了吧。

　　现在的问题是，你的现购买家是哪一个人群？你的答案越详尽，就能越轻松地找到这一人群。

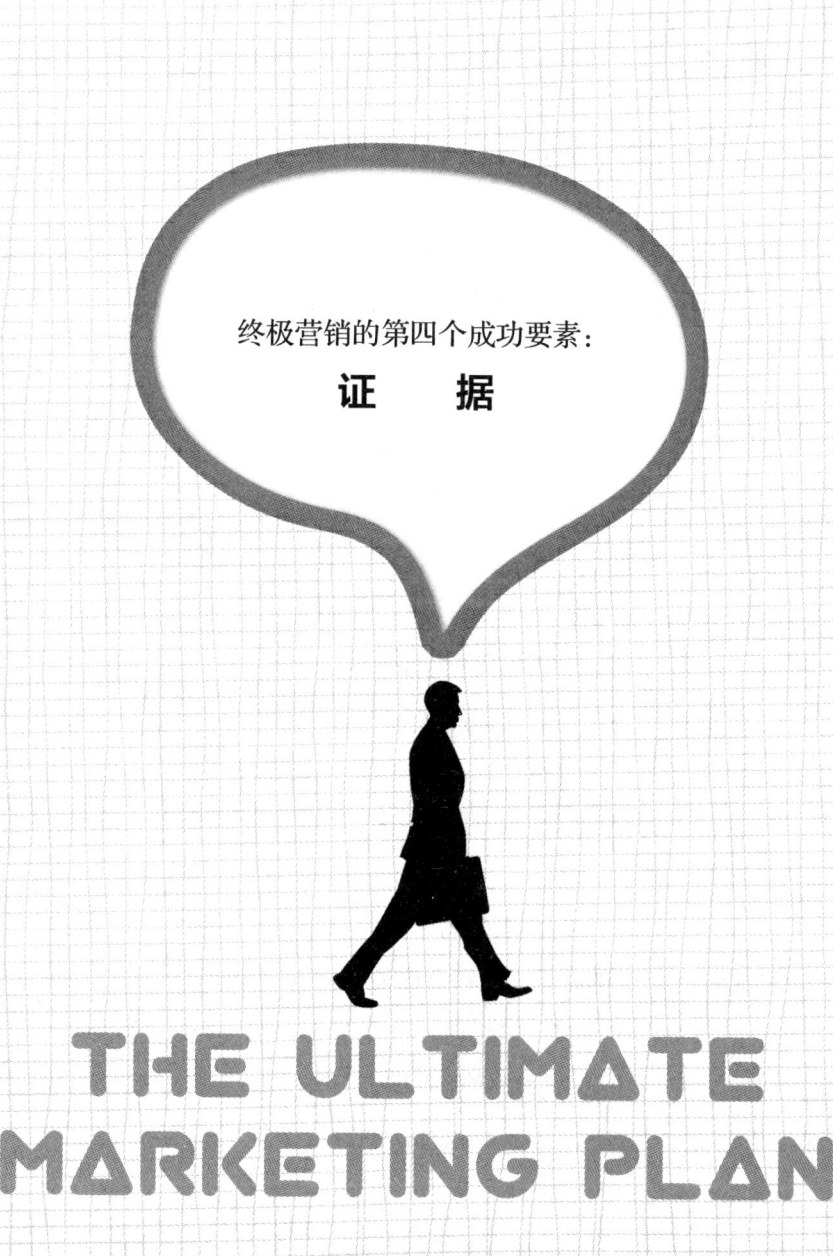

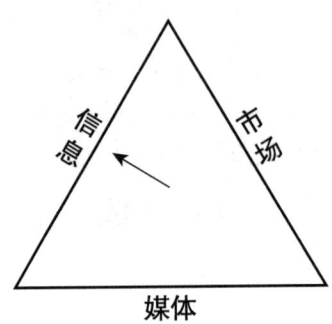

　　在经历过无数的谎言过后，我们已经不会再轻信任何人了。然而，信任正是实现销售、建立关系所不可或缺的因素。人们出于各种原因变得现实、事事持怀疑的态度，这道障碍极难跨越。

　　一个愤世嫉俗的商人对我说过这么一个老笑话。一位父亲把他三岁大的儿子放在壁炉罩上，然后伸出双手，让孩子自己跳下来。父亲承诺说，"我会接住你的"。哄了半天后，这个孩子终于朝着父亲跳了过去。可是父亲却没有信守承诺，他往后退了几步，眼睁睁地看着孩子扑通一声摔倒在了地上。接着他走到号啕大哭的孩子身边，对他说："你刚刚学到的就是人生中的第一堂重要课程，那就是不要相信任何人。"

　　所有的消费者和顾客，包括你的潜在客户，都曾经在商家的哄骗下朝他们扑来，但是一次又一次地重重地摔在了地上。美国《花生》（Peanuts）连载漫画中女主角露西（Lucy）总喜欢拿球让查理·布朗（Charlie Brown）踢，可又总是在最后一刻把球拿开，后来他不再相信她了。

终极营销的第六个秘技：
在构建营销信息时应当理解消费者不愿轻信、害怕上当的心理

我的客户经常会在营销过程中遇到这样一个问题：他们觉得是客户无法抗拒的产品和服务，却总是少有买家问津。

举个例子，我的一位客户最终给自己的产品搭赠了真实可用的旅游优惠券：该券至少值500美元的旅游开支，可在全国各地，包括度假胜地的品牌酒店住宿两个晚上，或者只需每人再付99美元，即可享受巴哈马群岛三日航游，还有其他一些优惠。他将这些优惠券以赠品和奖励的方式销售给各个商家，优惠券从单买一个商品时的一美元一张到批购商品时的五美分一张（是的，没错，就是五美分每张！）。拿到优惠券的人只需再付10美元的手续费就可以使用它们。

但是让他困惑不解的是，很少有商家愿意出钱购买这些优惠券。而且只有一小部分购买了的客户会打电话来进行兑换手续，这让他倍感意外。这是怎么一回事？他问道："真是奇怪了，这次营销怎么会这么不成功呢？"

当然，现在这个问题的答案已经很明显了，不是吗？这次营销开出的条件实在是太诱人了，都显得不真实了。因此人们不相信这是真的。很显然，你也会这么认为。如果当地的汽车经销商或珠宝店又或是饭店要给你提供一份免费礼品，显然你就会对此产生疑问。但是，如果你认为自己提出的建议合情合理也合法，或者在你对自己的产品进行的是如实宣传的情况下，消费者却同样也起了疑心，那么这其中的原因就没有那么好找了。

时至今日，如果你做什么免费赠送或大减价活动，消费者都会在暗地里对自己说："他骗谁呢，现在哪儿还有白捡的便宜，这当中肯定有什么猫腻。"或者这么想："我的天哪，5折优惠！他们肯定是把价格抬高，然后再打折，都是些骗人的把戏。"

我做了一些调查，结果表明人们甚至无法相信商家做出的保证。他们

说,"好啊,那你就去退款看看吧。你得把买来的东西原封不动地包装好带过来,填一张长长的表格,再排队等上三个小时,被惹急了还得和他们扯着嗓子吵架。"但是在我看来,消费者应该好好利用商家做出的保证,甚至要尽可能地相信他们做出的承诺。但是你作为商家,必须要说到做到,这样才能提升自己的可信度。

如果你想请人做宣传的话,那么恕我直言,消费者们一定会这样说,"我打赌这广告里的人都是演员",或者"我打赌这纯属瞎编",又或者是"我打赌这些人是拿了钱才这么说的"。

终极营销方案"不真实,就懊悔"的原则:证实你在营销中传递的每一条信息。

证实你说过的每一句话,以及作出的每一份承诺和保证,不留任何死角。不要想当然地认为消费者就应该相信你或认可你。

那么,我们应该怎样证实这些信息

在某律师事务所宽敞豪华的会议室里,全国最知名的审判庭律师之一正在召开审前会议,与会的还有他的同事、调查员、研究员和律师助理。而我作为一个毫不相关的人,也坐在会议室里旁听。每位与会成员都对自己的工作进行了总结,并就可能产生的结果发表意见。

一位年轻的律师想让他的老板放宽心,于是对他说:"我认为你已经有了足够的证据可以打赢这场官司了。"

老板顿时变得暴躁起来。他一拍桌子站起身来,把会议室里的人都吓了一跳。他快步绕过桌子,走到那个身穿布克兄弟男式衬衫的小律师身边,一把抓住他的领口把他提了起来,几乎是脸贴着脸地对他大声吼道:"永远别让我在走上法庭后遇见一个只有所谓足够证据的陪审团。"他说完便松手了,小律师一把跌坐在椅子上,吓得脸色铁青。接着,他走到了房间的那

终极营销的第四个成功要素：
证　据

一头，在黑板上写下了这样几个字：

证据优势（PREPONDERANCE OF PROOF）

《韦伯斯特词典》（*Webster*）对"preponderance"一词的解释是"在数量、重量、力量、权力等方面占据的优势"。《罗格同义词词典》（*Roget's Thesaurus*）给出了这样一系列同义词："大多数"（majority）、"较大的数"（plurality）、"优势"（advantage）、"至高无上"（supremacy）、"最大值"（maximum）、"最大的一份"（lion's share）、"超额"（excess）、"盈余"（surplus）和"主宰"（domination）。我建议你在博得客户信任的时候，也要尽可能地给出证据，多多益善。

如何从零开始，直到取得人们最大程度的信任为止

至于哪个行业在创业之初信誉几乎为零，这个问题的答案其实离我们并不遥远。那就是汽车销售行业。无论走到哪里，汽车销售人员都难以取得人们的信任。

根据我的非正规调查（但是我觉得结果还是相当准确的），在公众心中，最不可信任的职业中排名第三的是律师，第二的是政客，而第一名就是汽车销售人员。不过，这垫底的信任度完全是汽车销售人员们自找的。他们经常会私自调高汽车的零售价，然后在客户还价的时候顺势"打个折"；他们也会先打出便宜车型的广告，把顾客哄进门后再向他们推荐价高的车型；他们还会仗着店大欺客，让顾客以高价购买这样那样的保险。另外，他们糟糕的售后服务也是人尽皆知的。

幸运的是，在这种乌烟瘴气的行业环境中也有一部分汽车经销商和销售人员属于例外，他们做生意非常讲究诚信。由于深知汽车行业的形象已

经被众多不良商家抹黑,他们希望能凭一己之力改变人们对该行业的印象。

我认识的最讲诚信,也是最成功的汽车销售人员就是比尔·格兰泽①。当年我住在菲尼克斯的时候,他正是福特汽车的销售员。在这么一个视信誉为无物的行业里,他通过努力赚取了属于自己的最高信誉。虽然一路走来非常艰苦,但这绝对是营销活动中值得人们学习的重要一课。

有好几年,我的汽车全都是从比尔的手上买来的。每一次购车的经历都差不多:和从其他销售员那里买车一样,找比尔买车的时候,你首先也要先去展厅看车,踢踢车轮胎看有没有问题,可能还要再找几辆车试驾一下。最后,销售人员会带着你来到大厅,这里有一大排单独的销售员隔间。就这一点来说,各地的车行都差不多。每个隔间都是用粗糙的胶合板隔开,用某种小螺丝(就是上世纪60年代人们用在长杆落地灯上的那种小螺丝)固定住。每个隔间内都摆放着一张灰色或绿色的金属桌,还有两把青绿色或橙黄色的塑料椅子,供顾客使用。隔间里的大致环境就是这样了。

比尔的隔间只有一处细节与其他人的隔间有所不同。在他的隔间里,从地板到天花板,还有墙面的边边角角处都贴满了比尔的客户和他们刚买的新车的合影。照片里的客户红光满面地倚在车子上,照片上还标明了这些客户的名字和购车日期。虽然我从来没有数过这隔间里到底贴了多少张照片,但绝对数量惊人。如果你再细致地观察一下,就会发现这些照片的位置是按照两种模式进行安排的。第一种是人物关系模式。举个例子,摆放在我与我的林肯车合影旁边的是我的妻子和她的金牛合影,还有我的父母和他们的墨丘利合影,我的哥哥和他的敞篷小货车合影。再旁边的是我的生意伙伴和他的林肯合影,他的妻子和探针的合影,他的销售经理和天霸的合影,以及他的一位办公室经理和护卫者的合影。另外,你还会发现

---

① 不要把此处的比尔·格兰泽和我们通篇经常提及的比尔·格雷泽弄混了。后者是本人《不看资产负债表,完胜直邮营销》(*NO B.S. MARKETING LETTER*)一书的出版人,格雷泽–肯尼迪内幕圈的主席。

终极营销的第四个成功要素：
证 据

第二种按照时间先后进行的摆放模式。他不仅摆放了我和我正在服役中的林肯车的合影，还有以前我买上一辆林肯车时拍的合影。有时候仅一位顾客就会有五六张这样的照片：他（她）每隔几年就从比尔手上买一辆新车，自然就多出了不少合影。

现在我要告诉你一件令我感到不可思议的事。我曾经多次陪同我的妻子、生意伙伴和好友去比尔那里买车，当比尔算好总价，并填好购车合同时，他们都欣然接受了比尔开出的价格，没有一个人开口还价。要知道他们买的是汽车，哪有不还价的道理呢！

在轻体美容行业，有一位代理减肥产品的销售代表，她有一个随身携带的销售"法宝"——她自己的一张全身照，照片已经被放大到真人大小了，但是照片上的她比现在的她重了整整54磅。每次向顾客推销减肥产品的时候，她就把这张海报展开来。然后，自己站在海报旁边，让顾客直观地感受真人版的胖瘦对比，一笔生意就这么成了。

终极营销的第七个秘技：
利用照片证明自己所言非虚

有趣的是，比尔·格兰泽作为唯一一个在销售隔间的墙壁上挂照片的汽车销售员，他的汽车成交量一直遥遥领先于他的诸位同事；而那位随身携带减肥产品"使用前"全身照的女士所在的公司拥有15000位销售代表，但据我所知，她是其中唯一一个把减肥前的照片放大到真人大小，然后拿给顾客看的人。

为了向脊椎按摩师和牙医提供专门的营销咨询服务，我利用四年多的时间成立了大型的综合研讨会和出版社。在那几年里，我至少向15000位医师讲述了上文中提到的故事，现在我仍坚持把这个故事讲给更多的医师

们听。但是就我所知，只有屈指可数的几位医师在听了故事后向比尔·格兰泽学习，特意安置了一面照片墙。

可能是人们对我说的这个故事没有多大感触吧，但我希望事实并非如此。我认为每个听过故事的人都会受到启发，想向故事里的人物学习，提高营销的成功率，但大多数人都有一定的惰性，他们希望能够在不做太大改变，也不给自己添麻烦的情况下提高营销成功率。这也就是为什么在各个领域内，都只有一小部分人通过自己的努力成为行业精英，将那些庸庸碌碌的大多数人远远地甩在了身后。

如今，人们可以轻松地利用网络和其他在线媒体将照片和视频融入产品展示过程。很多营销人员都会这样做，因为大量的证据表明这种展示方法的确可以引起强烈的反响。没有人可以拒绝这种简单有效的方法，无论你面对的是怎样的销售环境，使用的是什么宣传媒介，你都可以在营销过程中加入这些照片和视频，让你的营销活动更具说服力。

谁说了算？

你对自己作出的陈述只是一种声明，而对你感到满意的客户做出的陈述才是事实。

有关你自己、你的公司、你的产品还有你的服务，其他人对此作出的评价比你自己说的任何一句话都要可信得多。

有的行业，特别是减肥行业和护肤行业，总是倾向于充分利用证言式广告的优势——你可以看看减肥中心或电视购物打出的广告，比如高西-伦克公司出品的高伦雅芙祛痘产品广告和美国女影星维多利亚·普林斯帕尔（Victoria Principal）代言的护肤产品。在遭遇 2010 年的大规模召回事件后，丰田汽车改变了电视广告的侧重点，不再以汽车本身为主线，而是侧重进行证言式广告宣传。接着，福特汽车也有样学样，宣传造势活动大获

终极营销的第四个成功要素：
证　　据

成功。这种广告方式永远都不会过时，也永远都可以找到新的创意。通过 Priceline.com 在线预订旅行商品的顾客可以享受多种折扣优惠，在该网站成立之初，该公司采用离线营销方式，在杂志上刊登整页广告，贴满了其客户在旅行途中拍摄的照片，配上文字说明：他们去了哪里玩，以及通过登录 Priceline.com 在线预订让他们节省了多少开支。配上照片的铺天盖地的广告宣传结果自然吸引了大量客户。

证言式广告适用于所有营销环境。无论你面向潜在客户推销的是自己，还是某种新产品、服务或想法；或是回应某种负面情况，在销售市场中重塑诚信；或是对抗竞争；或是给自己的固定客户打一剂强心针。然而，对证言式广告而言，最关键的一点就是要在营销中消除让人难以置信之处。

在我与奇普·凯斯勒（Chip Kessler）合著的《让他们深信不疑》（*Making Them Believe*）一书中，我们讨论了有关"被人遗忘的约翰·R.布林克利医生（Dr. J. R. Brinkley）的营销秘密"。布林克利医生可能是他那个时代（上世纪20年代到30年代）最富有、最具争议性的医生了。他提倡将山羊睾丸和腺体移植手术应用到男性性功能障碍的治疗当中。早在我开始构思《终极营销方案》的好几十年前，富有远见的布林克利就已经把本书上的营销手段几乎都用了。他尤其注重以证言式广告证明他的观点，比如他会请某"冠军人物"或"海报男孩"来说说他们进行治疗的感受，让观众更加信服。下面的一段内容节选自《让他们深信不疑》中奇普撰写的章节，讲的是这位医生使用过的最具价值的一段广告证言：

"……1917年，在布林克利医生搬到了堪萨斯州米尔福德后不久，他便凭借自己强大的创造力完成了一项无与伦比的重大突破。布林克利利用自己的中草药疗法品牌，挂牌行医，上门的病人络绎不绝。其中有一位当地的农民，他总是感到浑身乏力，夫妻生活也不尽如人意。在与这

位农民多次交流后,布林克利想出了一个法子,能够一次性永久治好他的毛病,那就是将公山羊的睾丸移植到他的阴囊内。很快,这位农民就做了移植手术。几个礼拜过后,他便兴冲冲地来找布林克利医生,和他分享自己重获健康的好消息。显然,这次手术很成功,但在整个米尔福德,还有一个人比这位农民(可能还有他的妻子)更加开心,他就是布林克利医生本人。这位农民掩饰不住内心的喜悦,和周围的人说起了这件事,大赞布林克利医术高明。在这之后,布林克利的诊所便陆陆续续地汇聚了众多慕名而来的病人。就这样,在一位病患发表了一番肺腑之言之后,布林克利医生便成了人们心中能够妙手回春的神医,来找他看病的人也越来越多。自此,布林克利名声大震,但是也有人更愿意用'臭名远扬'来形容他。

"……你最近一次毫无疑问地认为自己作出了正确的决定,或购买了正确的产品,又或是采取了正确的行动是什么时候?布林克利医生就有这种力量,让你打心底里认为他就是那个可以帮你摆脱病痛的人,这也让他在一群提供各种产品、服务或治疗方案,但大多都是碌碌无为的营销者中脱颖而出。更重要的是,约翰·布林克利找对了门路,他深知能够让人们相信他的原因到底是什么。约翰·布林克利遇到了一个良好的契机,而聪明的他也一眼看出了这个契机背后蕴藏的巨大价值。在约翰搬到堪萨斯州的米尔福德后,这位因为'浑身乏力'而上门求医的农民就成了他生命中的贵人。他精湛的医术不仅获得这位名叫比尔·斯提兹沃斯(Bill Stittsworth)的农民和他妻子的大力称赞(这位妻子表示布鲁克林的妙手回春让他们夫妻俩似乎又回到了年轻时的甜蜜时光,因此打算再让布林克利把一只母山羊的卵巢移植到她的肚子里),还圆了他们享受天伦之乐的梦想:他们的儿子小比利·斯提兹沃斯(Billy Stittsworth, Jr.)出世了。

"你可以通过很多方法让你的目标客户了解到你正在营销的产品和服务有多么实用高效……其中最有效的办法就是给出证据,证明你的提案

终极营销的第四个成功要素：
证 据

是切实可行的，从而激发目标客户信任你的欲望。小比利·斯提兹沃斯的出生不仅证明了布林克利做的移植手术有多成功，而且极大地满足了为人父母的一大心愿——拥有一个属于自己的孩子。对于男人来说，有了孩子就意味着香火的延续；而对于女人来说，她在享受做母亲的快乐的同时也完成了生儿育女的神圣职责。在约翰·布林克利所处的那个时代，人们认为延续香火是已婚夫妻应尽的天职，没有孩子的夫妻都抬不起头做人。因为人们要么认为女方是'不会下蛋的母鸡'，要么认为男方'根本不算男人'。如果夫妻俩连一个孩子都生不出来，那就意味着博爱的上帝已经遗忘了他们。他们的亲朋好友，甚至是整个社区的人都会对此揣测纷纷，用怜悯的眼神看待他们。这就是当时社会的大背景。现在，布林克利已经完成了一项活生生的实验，将公山羊的睾丸成功植入了一位男性的体内，而且从此这位男性也可以生育了！这位农民和他活泼健康的儿子用他们鲜活的生命打消了人们的顾虑。约翰·布林克利清楚地知道，用什么样的方式展现他创造的'奇迹'才会让人们心服口服，而小比尔的出生就是让人们心服口服的最佳证据。"

（来源注解：《让他们深信不疑》一书详尽深入地探讨了那些能够让人们感到心悦诚服的做法。另外，就布林克利这一吸引眼球的营销案例，我们展开了一套完整的在线学习课程。

现在我要告诉你一个秘密：从20世纪初到今天，证言式广告一直是行之有效的营销方式，在顶级营销人员中广为使用。然而，我发现不使用或者少用证言式广告仍然是营销中频频出现的头号错误。我可以向你保证，就算你在读完本书后别的没记住，只学会了怎样尽一切可能，在各种场合、以各种方式，好好收集并利用有价值的证言式广告，那么仅这一点就可以为你在纷繁复杂的营销市场中获得足够的优势了。

什么是有效的证言式广告

第一,你可以把证言式广告视为两张会说话的"快照"。第一张是"使用前"的照片:可以看出人们想要提出的问题和心中的疑惑;第二张是"使用后"的照片:可以看出积极的效果,让人惊喜的转变和合理的解决方法。"我曾经很胖,很多疑,也没有什么朋友,过着没有安全感的穷日子。但是多亏有了×××,现在的我身材苗条,自信开朗,认识了好多新朋友,生活条件也越来越好了!"下一页有两张证言式广告的图片,主角都是格雷泽 – 肯尼迪内幕圈的内部成员,这些证言式广告曾刊登在我们的内部通讯和营销材料上,完完整整地呈现出了"使用前"和"使用后"的区别。

第二,将证言式广告视为策略武器。我建议你做两份列表,第一份列表列出你想要在营销过程中兑现的承诺、着重表现的特色、给客户带来的利益以及相关实情;第二份列表列出你的潜在客户心里可能存在的疑问或恐惧。然后再将那些涉及具体落实条款、解决引文的证言式广告收集起来,加以利用。

格雷泽 – 肯尼迪内幕圈的证言式广告

格雷泽 – 肯尼迪内幕圈的证言式广告

终极营销的第四个成功要素:
证　据

证言式广告案例

例1：

一家自助餐厅想要吸引新顾客光临。店老板一直强调他们提供的食物种类如何丰富，而且保证只出售现做的新鲜菜肴，而不是像某些自助餐厅那样提供不新鲜的食物。店老板心里很清楚，没有吃过自助餐的其实大有人在。针对这个问题，他们设计了如下的证言式广告：

自从上高中开始，我就没有在自助餐厅吃过东西了，但是我得感谢那位带我来这家餐厅吃饭的好友，因为这里的食物种类实在是太丰富了，真让我感到意外。我终于找到了一个全家聚餐的好去处。

我一直认为自助餐厅里的食物都是做好了以后装在热盘子里保温，湿哒哒的看着就不新鲜。可能别的餐厅是那样的吧，但是这里热气腾腾的食物都是现做的，而且味道绝对一级棒。

例2：

一位牙医凭借下面这一段精彩的证言式广告"大赚了一笔"：

我差不多有一年的时间没去看牙医了，因为我怕疼，光是想想要去看牙医就够我受的了。但我要说的是，韦伯医生和他的员工绝对是我见过的最棒的牙医了！他们总是耐心地对待患者，理解患者。上次去看牙医的时候我又知道了一个特大好消息：韦伯医生引进了一种最新技术，可以让患者在无痛的情况下进行治疗。这真是太神奇啦！

例3：

这篇有关提供修剪草坪服务的证言式广告也写得十分精彩：

我经常因为工作的事在外出差，而且我这个人平时也懒得打理草坪。但是草坪总要有人来修修剪剪，不然这些花草很容易就枯死了。我找过很多专门打理草坪的人，你也知道的，就是那些开着旧货车在街道上晃悠，往你家门上贴传单的人，但是在你需要他们的时候又看不到半个人影了。当"草坪管理专家"派代表来我家敲门时，我虽然口头上答应了请他们帮我打理草坪，但心里根本就没指望他们能帮得上什么忙。但是现在，三个月过去了，我想要告诉所有我认识的人，我就认准"草坪管理专家"了，因为他们真的够专业。

扩充的证言式广告

你会经常看到平面广告里那些只有三两句话的简短证言式广告。在电视和广播广告里，这些广告只有几秒钟的时长，除非是那种 30 分钟的电视购物节目，那里的每一段证言式广告都能持续好几分钟。在网络媒体中，似乎有这样一种广泛的（但也是完全错误的）共识，那就是不管什么广告，总之越短越好。即使简洁的风格也已经成了一种标准，但在有的情况下，你会想要使用扩充的证言式广告。事实上，这种篇幅稍长、叙事体的证言式广告，完全可以占据一整页广告的版面或报纸插页，或者独自成为直邮广告或某一网站的营销素材。

下一页是刊登在时事通讯上的系列文章之一，其作者是我的一位终身"学生"格雷格·尼尔森医生（Dr. Gregg Nielsen），他进入格雷泽–肯尼迪内幕圈也有很长一段时间了。事实上，这篇文章就是一个扩充的证言式广告。每个月他都会写一篇这样的文章，通常会占到三分之一到一整个版面，文章通常围绕一些特别有趣的病人展开，如摩托车、越野赛车手麦克·梅茨格（Mike Metzger）。我记得这些文章的主角有一个是斗牛小丑，一个是速降滑雪运动员，一个是当地的消防员，一个是芭蕾舞女演员，还有一个

终极营销的第四个成功要素:
证 据

是厨师。在定期出版物中,这些故事都被称为"人性化故事"。《读者文摘》(Reader's Digest)这一畅销杂志上就经常刊登这类故事。事实上,他本人以及他的员工和病人都认为这种宣传方式十分有趣。尼尔森医生是一位非凡的营销大师,也是值得你学习的榜样,你可以登录www.DocNielsen.com了解更多相关信息。

格雷泽-肯尼迪内幕圈成员格雷格·尼尔森的时事通讯样文

普通人与名人证言广告

在我看来,为了让营销信息显得真实可靠,采用普通人的证言式广告是必不可少的,你可以请那些对你的产品或服务感到满意的客户参与进来。在使用这一系列证言式广告的时候,**你要尽可能多地涵盖到理赔的方方面面,还要体现出目标客户的多样性。**

如果你的营销对象是多元化的,并不限于某一类消费者,那么你的证言式广告里就应该出现各种不同的面孔,比如白人、黑人、亚裔和西班牙裔;男性、女性、单身或已婚的人群;老年人、中年人和青年人。反之,如果你的营销对象并不是多元化的,那你就要确保所有的证言式广告都能和你的目标市场一致,不需要浪费精力关注那些目标市场以外的消费者了。

如果你从事的是企业与企业之间的营销,那么在宣传中就应当照顾到各种小型企业、中型企业以及大型企业,当然还包括零售商、批发商、制造商和服务商。如果你的目标市场比较明确、范围有限的话,那就应该定向设计你的证言式广告。

邀请名人做广告证言也往往能收到很好的效果,但是也需要一些技巧。如果一位知名人士,比如说某运动员或娱乐明星,使用了你提供的产品或服务,或是光顾了你的业务,那你完全可以利用这一点进行宣传。甚至有的时候,只要有名人为你的产品说上几句支持的话,就可以给你的事业带来很大的帮助。前几年,效力于旧金山49人队的足球运动员乔·蒙塔纳(Joe Montana)就公开表示过,他经常请脊椎按摩师为他的健康把关。如果那一位脊椎按摩师都想不到在这件事上做文章的话,那么以他的智商也就没法在这行混下去了。

在这个时代,人们总是痴迷于自己喜爱的明星,唯偶像之命是从,这就是伟大的明星效应。聪明的生意人就巧妙地抓住了这一点,利用人们崇拜明星的心理推动自己的事业发展。

终极营销的第四个成功要素：
证 据

多年来，在我的帮助下，很多客户与各路明星成功携手，展开广告宣传，其中包括佛罗伦斯·亨德森（Florence Henderson）、芭芭拉·伊登（Barbara Eden）、罗伯特·瓦格纳（Robert Wagner）、亚特·林克莱特（Art Linkletter）、丹尼·格洛弗（Danny Glover），还有一些演肥皂剧的明星以及体育明星，比如棒球投手唐·锥斯戴尔（Don Drysdale）和达拉斯牛仔队的四分卫丹尼·怀特（Danny White）等。作为我的老客户，高西-伦克公司在1986年首次邀请名人主持电视购物节目。从那时开始，该公司就不断启用大牌明星进行宣传活动。在明星效应的带动下，高西-伦克的品牌价值也在一路攀升。在我写这本书的时候，为该公司的高伦雅芙祛痘产品进行广告宣传的明星正是眼下炙手可热的凯蒂·佩里（Katy Perry）、詹妮弗·洛芙·休伊特（Jennifer Love Hewitt）和贾斯汀·比伯（Justin Bieber）。在格雷泽-肯尼迪内幕圈里，我们会邀请一些名人企业家参与两场主要的国际会议，一方面给营销活动赚足人气，另一方面也为现场参与者提供了一份福利，让他们有机会近距离接触这些明星。我们的花名册里就包括KISS乐队的主唱吉恩·西蒙斯（Gene Simmons）琼·里弗斯（Joan Rivers）、伊万卡·特朗普（Ivanka Trump）、乔治·福尔曼（George Foreman）和凯西·爱尔兰（Kathy Ireland）。

在开展全国范围内的营销活动时，你必须启用知名度响彻全国的明星。不过，如果你只是在当地进行宣传的话，那么请一个当地的名人就足够了，这样花费更小而且效果也不会差多少。但是，你也不要想当然地认为本地企业就一定请不起明星大腕。我们的一位内部成员就请了美国国家美式橄榄球大联盟中的前芝加哥熊队球员，有大块头"冰箱"之称的威廉·派瑞（William Perry）为他的本地按揭经纪业务打广告，起到了很好的宣传效果，而且支付的出场费用也不算高。另一位老成员，身在加拿大埃德蒙顿的巴里·利西亚医生（Dr. Barry Lycka）也是一个精明的营销高手，他同时邀请了全国知名人物和当地名人参与他的科罗娜康复温泉疗养中心开业的宣传活动。利西亚医生请了电视演员苏珊·西福斯·海因斯（Susan

Seaforth Hayes）和参演过知名美剧《我们的日子》(Days of Our Lives）的比尔·海因斯（Bill Hayes），以及本地的一位新闻主持人琳达·斯蒂尔（Lynda Steele）参与开幕典礼和之后的宣传造势，有超过500人参与了这次活动！

想请明星帮你宣传的话，最好是通过自己的熟人或对方的熟人在中间搭个桥。另外，你也可以直接找对方的经纪人，我们的一位成员乔丹·麦考利（Jordan McCauley）就是这方面的专家，他专门帮助企业主直接接近和雇佣名人。你可以去看一看他写的书《名人效应：有关明星代言的内幕机密》(Celebrity Leverage: Insider Secrets to Getting Celebrity Endorsements）或者访问他的网站 www.CelebrityLeverage.com。

如何在没有证言广告的情况下让消费者相信你

前面我们已经用了大量篇幅告诉你证言广告在建立消费者信任感的方面起到了多大的作用，但是你还要接着往下看。有时候，由于联邦贸易委员会的相关规定（参见下面的补充内容）或其他原因，证言广告的使用可能会受到限制。在这种情况下，你该怎样证明你的产品或服务足够优秀呢？

联邦贸易委员会和证言广告

使用消费者或名人做证言广告必须遵从联邦贸易委员会的相关规定。2010年，有关联邦贸易委员会就此出台了更加严格的新规定，详情请登录 www.FTC.gov。本书虽然旨在向大家传授最佳营销策略，但我们毕竟不是法律顾问。对于读者作出的任何营销决定，本书的作者和出版人均不承担任何法律责任。敬告广大读者谨慎行事，在合法的范围内从事各类营销活动。

和他人"拉关系"

想要证明自己的实力,最简单易行的方法就是"借他人的名气,为自己助阵"。

艾伦兄弟(Allen Brothers)邮购目录(提供外卖服务,将美味又昂贵的牛排送到顾客的家门口)总是列出一串牛排餐厅的名字,这些餐厅遍布全国各地,与艾伦兄弟均有业务往来。这一点正体现了艾伦兄弟的承诺,即在家就可以享用到牛排餐厅里供应的高品质牛排。

如果你读的书够多,你会发现很多作者都会请其他知名作者(往往是比他自己更知名的作者)或专家为他们的书写一段引言。

多年以来,当我以演讲家的身份营销自己时,我总会拿出一张清单,向对方强调自己和多少位名人有过同台合作的经历。

与我合作过的那些名人:

乔治·布什总统(President George Bush)与他的夫人芭芭拉·布什(Barbara Bush)

约翰尼·卡什(Johnny Cash)

黛比·菲尔斯(Debbie Fields)(菲尔斯太太曲奇饼店创始人)

乔治·福尔曼(George Foreman)

马克·维克多·汉森(Mark Victor Hansen)(代表作《心灵鸡汤》(Chicken Soup for the Soul))

吉米·约翰逊(Jimmy Johnson)

汤姆·兰德里(Tom Landry)

吉姆·麦卡恩(Jim McCann)(1-800花卉公司总裁)

李·米提尔(Lee Milteer)

乔·蒙塔纳(Joe Montana)

柯林·鲍威尔将军(General Colin Powell)

尼度·库比恩(Nido Qubein)

罗纳德·里根总统（President Ronald Reagan）

玛丽·卢·雷顿（Mary Lou Retton）

琼·里弗斯（Joan Rivers）

托尼·罗宾斯（Tony Robbins）

卡维特·罗伯特（Cavett Robert）

吉米·罗恩（Jim Rohn）

诺曼·施瓦茨科普夫将军（General Norman Schwarzkopf）

吉恩·西蒙斯（KISS 乐队）

盖瑞·史潘塞（Gerry Spence）

乔·苏格曼（Joe Sugarman）

博恩·崔西（Brian Tracy）

麦克·万斯（Mike Vance）

金克拉（Jin Kela）

以图为证

我们相信眼见为实，因此，你要拿出足够多的图像证据让人们心服口服。

举个例子，上文中提到的艾伦兄弟公司拥有这样一张地图，他们将各个城市里和自己有业务往来的餐厅以红点标出，将那些在他们那里享受过五年以上外卖服务的顾客所在的地方以蓝点标出。

在格雷泽-肯尼迪内幕圈里，我们经常会展示出如下图所示的照片，我们采用广角镜头拍摄全景，将所有参加活动的观众尽收眼底，让人们感受到现场观众之多。但是其他大多数团体并没有意识到这样做的重要性，即使他们想到了对外展示这些照片，拿出来的也只是在现场随手拍摄的非全景照片。人们都看过前后对比照片，但是大多数对比照片采用的都是静态拍摄手法。比如，"使用前"照片里的女孩身材臃肿，穿着布袋一样的宽松衣服；"使用后"照片里的女孩身材纤细，身着比基尼。事实上，如果第

终极营销的第四个成功要素：
证 据

二张照片里的比基尼女孩不是呆呆地站在那里，而是在沙滩上打排球，或是站在一辆敞篷车的前面，驾驶座上还坐着一位养眼的帅哥，那么这样的画面一定会更加生动有趣。至于怎样变着法地拍摄出有说服力的照片，**就看你个人是怎么想的了。**

如何使用照片——格雷泽–肯尼迪内幕圈的现场活动照片

合理利用数据

在为疾病调查、流浪人员或被虐待的动物募捐的时候，你经常会看到类似这样一句话："每一天的每一分钟里，就有14人死于某种疾病。是的，每分钟就有14人死亡。"和"每年有730万人死于某种疾病"比起来，前面那句话似乎更能让人们感受到事件的紧迫性。700万虽然是一个大数字，但是仅美国就有3亿人口，全世界的人口就更多了。从这个角度看，700万并不算多，而且人们对700万究竟是多少也没有什么概念。到了今天，动辄十亿或万亿的数字对人们来说已经不是新鲜事了，但是"每分钟有14人死亡"这个概念，却让人们产生了直观的感受：这不是一个小数字，情况

应该很严重。如果你拿着秒表,站在病床前看着他们,每4.2秒就有一个人在你眼前死去。

足够多的数据证明会让事实更具说服力。

同样的想法,反过来表达:每一天的每一分钟,就有一位新成员加入某组织!那么一年下来大约有52万位成员,这听起来的确不少。但就算是每个小时有一位新成员加入,这听起来仍旧让人印象深刻,可能比8760位会员这单纯的数字给人的印象更深。显然,呈现数据的方式至关重要。至于怎样变换花样处理数据,怎样利用数据说明问题、左右人们的看法,**就看你个人是怎么想的了。**

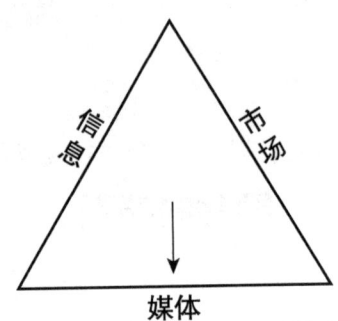

几年前,我曾多次受聘为脊椎按摩师提供咨询,我的工作就是到他们的办公室视察,检查他们接收病患的手续,并提出建议,为病患营造更加舒适自然的疗养环境,提升他们的满意度。老实说,在我提出的诸多建议中,总会涉及这样两个看似不起眼却至关重要的问题:几个 75 瓦的灯泡和一瓶清洁剂。这就引出了本章将要讨论的问题——顾客的感受。

词典里给"感受"下的定义是,通过五官的功能视物、听声、意识……对某事形成意见的能力,以及一种理解或看待某事的方式、对某事的印象。这就意味着顾客对于你本人和你业务的看法会受到外界信息的影响,而这个信息就是在他们有意识或无意识,或是通过深思熟虑或直觉驱使的情况下,通过五官的作用汇总到大脑。无论你在说起自己时有多么滔滔不绝、激情澎湃,你都无法代替顾客给他们眼中的你下定义。

与我合著《毫无保留的销售策略》(Uncensored Sales Strategies)的悉尼·比德尔·巴罗斯(Sydney Biddle Barrows)在改善顾客体验、创造良好的顾客感受方面堪称专家。得益于其特殊的背景,她在商务和营销咨询方面很有造诣。她知识渊博,聪慧过人,有很强的洞察力和感知能力,精通销售筹划之道。我建议你读一读她写的书,或者访问她的网站www.

终极营销的第五个成功要素：
顾客的感受

SydneyBarrows.com，获取免费资源。现在，我就要对如何人为控制顾客的感受这一问题做一个概述。

让我们先从你的企业场所谈起。这和你的顾客、供应商、投资商或社区成员是否经常光顾你的企业场所有关。如果从来都没有人来过，那么这个猪圈似的场所对你还没有造成什么损害。即使只有一个人来过，破坏的进程就开始了。

想一想，哪些你可能会去的企业场所已经发生了巨大的改变。比如说，你会把车开到服务站，等着工作人员帮你的车换机油。等候厅里铺着油迹斑斑的旧地毯，放了两把塑料椅子和一大堆汽车杂志，还有一台咖啡机和几只一次性杯子。今日，"润滑油快捷服务"中心连锁店的服务效率不仅大大提升，而且其接待室的环境也十分干净整洁，为顾客配备了舒适的座椅、饮料中心和等离子电视。汽车销售商也跟上了改革的脚步，让整个服务部门的面貌焕然一新，有的地方还设有儿童玩耍区、网吧和商务中心等场所。

或者再想想看牙医的那些事。在过去的很长一段时间内，牙科诊所总是给人冷冰冰的感觉，像医院一样，走到哪里都是白晃晃的一片。牙医都是一脸严肃的样子，态度也不友好，这一切都让患者感到焦虑异常。那么到了今天是什么情况？很多牙科诊所都设有环境优美的接待处、巨大的水族池、娱乐中心和咖啡吧一应俱全。走进手术室，你会发现这里配有自动加热的按摩仪、等离子电视和立体声耳机。有的办公室里甚至还有水疗按摩师坐镇，他们的态度都十分亲切友善。

很多企业走的都是迪斯尼式的娱乐化商业路线，你也该加入这一行列。

如果你看了我写的那本《不看资产负债表，新经济时代自有财富魅力》(No B.S. Wealth Attraction in the New Economy)，你会发现其中有一个章节是关于海波特大学的，我的一位朋友尼度·库比恩 (Nido Qubein) 就在这里创造了奇迹。如果你来到了北卡罗来纳州的海波特，我建议你一定要带好纸、笔到海波特大学一游。如果不能亲自去，你也可以登录 www.highpoint.edu 查看详情。《不看资产负债表，新经济时代自有财富魅力》中还有一个章节写的是肯尼迪的全美

理发师俱乐部,讲述它如何从一个理发店摇身一变,成为高级男士俱乐部。

这种有创新改革的企业场所关注的就是顾客的感受。按理说,这些改革并没有让各个行业产生实质性的变化,包括海波特大学的学术教育情况、理发师俱乐部的美发手艺、换机油服务、汽车修理技术和牙科技术。但是这些营销领袖们深知"体验营销"的重要作用,正如那句话说的,对于客户来说,感受即是现实。

针对你的企业场所以及顾客在你的企业场所可能看到、听到、触摸到、嗅到、尝到或经历到的一切事物,请回答下面两个简单的问题:

问题1:形容一下,你希望自己的(潜在)顾客对你的业务产生、保留并传递给他人怎样的认知感受。

如果你能用一句话做个总结就再好不过了。但是一开始你还是需要仔细考虑一下这个问题,尽量详细地表述清楚。

问题2:你的企业场所内的一切事物是不是都为营造这一感受作出了贡献?

现在让我来给你举一个例子,告诉你什么叫"不和谐因素"。多年来,我开的一直是福特和林肯-墨丘利,最近我又得到了一辆车型较大,也很耗油的越野车。拥有这辆车让我倍感自豪,因为这是我的一位从事食人鲳营销工作的客户——乔·波兰(Joe Polish)为了答谢我而送的一份豪礼,我自然盛情难却。但是,我后来又买了一辆卡迪拉克。一天,我把爱车送到了菲尼克斯最豪华的、最有人气的一家凯迪拉克专卖行做保养。走进新车展厅,我不禁眼前一亮:纤尘不染的窗户、光泽熠熠的地板,合宜的灯光再搭配着柔美的背景音乐,一切都是那么完美无瑕。

这里的客服部门运作起来也是井井有条。在早高峰时段,很多人把车开到这里，走了下来。客服部的接待人员都是年轻的女性，她们打扮得清清爽爽，笑脸盈盈地将你迎进门来，再端上一杯咖啡。技术人员也都穿衬衫打领带，一副彬彬有礼的样子。在这里，你几乎看不到任何油污的痕迹。所有工作人员做起事来都非常利索，让人倍感安心。每位技术人员都配有计算机终端，可以调出你的服务记录，其中包括你的个人相关信息。这样一来，他们就不必再向你询问姓名、住址、手机号码等信息了。

到现在为止，情况都还不错。

但是接下来，就出现了第一个不和谐的因素。虽然在我看来，这并不是什么大不了的问题，但事实上，我一直没有忘记这件事：他们安排送顾客离去的迎宾车并不是凯迪拉克，而是别克。这就好比人家开着豪华轿车来接你去温泉浴场，但是过后就叫了一辆出租车把你送回家。

第二个不和谐因素带来的问题就更严重了：所谓结算账户的地方就是一条狭窄的走廊，而不是一间单独的房间。等待结账的一大群顾客都心烦气躁，你挤我，我挤你，根本排不成队。顾客只能通过一个小小的窗子和工作人员对话。我对其中一个职员的印象很深，因为有两次我在找他办理业务的时候，他嘴里都吹着泡泡糖，一副吊儿郎当的样子。

这样的场景有什么问题？问题可多了。首先，这样的场景让我久久不能忘记，自然不会再次光临。为了和其他业务区一样，带给顾客良好的感受，客服部门应该规划出一个宽敞的大厅，让顾客可以舒舒服服地坐着，再安排职员主动开发票，拿顾客的信用卡到会计处办理相关手续，办好后将文件送到顾客的手里，并微笑着感谢顾客光临。

终极营销的第八个秘技：
带给顾客始终如一的良好感受

你应该通过战略性的精心设计，为顾客创造统一的良好感受，以此解

决所有的营销"难题"。

我建议你在向顾客传达的信息中可以加入"成功"这一因素。因为我发现,大多数情况下,顾客都倾向于和那些看起来非常成功的企业或商务人员打交道。我还记得,自己曾经陪同一位客户为他的公司寻找一位新律师。那时,由于联邦贸易委员会的介入,他的公司陷入了一场巨大的危机,鉴于事态的严重性,他必须找到一家值得他信任的律师事务所。我们来到了第一家律师事务所,在与两位律师面谈后,我认为他们或许是个不错的选择,但是在我们离开后,我的那位客户却对我说,他并不信任那两个律师。他承认自己也说不上来为什么会对他们产生这种不信任的感觉,但是直觉就是这么告诉他的。几小时后,他似乎突然想通了这个问题,对我说:"我明白了,原来是他们的律师事务所太安静了。他们的电话铃一直就没有响过;无所事事的接待人员坐在那里看杂志;工作区内没有一个顾客,听不到人们讨论业务时的喧闹声音。"不管他想的到底对不对,他的亲身感受告诉他,这家律师事务所的业务水平一定不怎么样,而他的目标是一家成功的律师事务所。

还有一次,一位脊椎按摩师向我咨询。他刚踏入这一行,在一家购物中心内选定了门面。这家购物中心虽然位于繁华地段,但是由于刚刚开业,许多摊位都还没有租出去。让他苦恼的是,人们看到了他的广告,也预约了要来检查身体,但是真正登门的顾客却寥寥无几。他的停车场也是空荡荡的,几乎没什么车停在这里。

其实,他和他的员工都把车停到了购物中心的后面。由于他的门店新开张,几乎没有什么病人登门,自然也就没什么人把车停在那里。另外,前面也提到了,在购物中心租店面的也人不多。这样一来,整个停车场看着就更加冷清了。我问他:"如果你是病人,来赴第一次预约的时候,看见这样空荡的停车场,你会是什么感受?"他一下子就想明白了。于是,我们把他和员工的车都挪到了停车场里,另外又租了几辆凯迪拉克,在停车场里放了几个礼拜充场面。从那以后,那些预约好的客户几乎都不再临阵终极营销的第五个成功要素：
顾客的感受

脱逃了。

创造以营销为导向的店铺环境

如果你没有开店，也可以跳过这一部分内容。

有一天，我正在一家大型购物商场里闲逛，当我经过一家全国连锁店（店名保密）的时候，我凑巧听到了一位女士对她的同伴说，"咱们走吧，这地方太乱了，我都找不到自己要买的东西了"。我朝这位女士看了一眼，她的穿着非常讲究，应该是个有钱人。

很多时候，店铺环境的营造似乎都是为了店员之便，而不是顾客之便，这种情况我已经见怪不怪了。事实上，精明的店主在营造店铺环境时，重点都放在了方便顾客购物上。在决定商品的摆设陈列时，首先应该考虑到的问题是，怎样设计会更加激发顾客的购买欲望？

上个礼拜，我发现了一家"怪异的"男装店，它存在以下几个问题：

- 休闲长裤，比如牛仔裤、斜纹长裤和正装的长裤混在一起摆放。
- 领带放在运动衫的旁边，而不是礼服衬衫旁边。
- 部分鞋子只放在橱窗里展示，其余的都放在商店后面的仓库里。
- 更衣室里的墙壁上光秃秃的，什么东西也没有。

如果你是店长，会对店铺做出怎样的改变？

依我看，我会把店里所有的休闲款的衣物，比如休闲长裤、T恤、夹克、运动鞋等，放在一个指定的区域内。再把所有正装，包括西装、衬衫、领带和皮鞋，放在另一个区域内。另外，把最新款的海报照片和顾客送给我们的感谢信装框后挂在更衣室的墙上。

以下是我对店铺设计制定的五点标准：

- 向顾客传达格调一致的感受。
- 合理有序地摆放好商品。
- 从顾客的角度出发，对店铺进行创造性的设计。

最近我去了一趟宠物商店，看到鱼类区摆出了一整套安放热带鱼水族箱的必备用品，包括水族箱、过滤器、袋装碎砂砾、一只座架、灯管和灯罩等，每样商品都贴上了标签，清楚地说明商品用途。接着，我又走到萌宠区，这里也打出了标语"家中第一条宠物狗的必备用品"，摆出了一系列商品，包括一只狗狗吃饭用的碗、一袋狗粮、维生素片、几只磨牙玩具、一把刷子、一只项圈、一根皮带等。

- 必要的时候，对顾客进行帮助和指导：包括展示推荐商品、重复播放相关视频和现场演示活动。
- 抓住一切机会向顾客进行宣传和指导，比如在墙上贴广告和小贴士。

有些店铺环境的指导原则也同样适用于无店铺销售环境，甚至是写字楼的工作环境。比如说，我曾告诉那些找我咨询的脊椎按摩师，病人愿意留在他们那里治疗不外乎三个原因：

- 可以恢复健康。
- 可以学到怎样保持健康。
- 可以得到心灵上的感悟。

因此，脊椎按摩师应该从以上三个原因出发，确保病人在他们那里待的每一分钟、看到的或听到的每一件事都能让他们感受到自己这一趟跑得值得。也就是说：拿走流行杂志，提供趣味十足的教育书籍；不再播放背景音乐，而是不间断地播放视频；摘掉批量印刷的农舍和雪山风景画，贴上反映本店特色的图表及海报。

在一次针对脊椎按摩师开展的讲座上，我也提到了上述问题。一位会计人员无意中听到了我的演讲，讲座结束后，他把我拉到一边，问道："照您刚才那样说，我该怎么改进一下我的办公室环境呢？"我反问他："你的客户到你那儿去是为了什么？你提供的哪些服务是大多数客户需要，但只有很少一部人用到的？"

我们一致认为顾客去他那里的原因有三个。第一，为了更好地管理财务；第二，与他建立良好的合作关系；第三，可以得到心灵上的感悟。另外，我们发现财产规划及房产规划服务很少有人问津。因此，收起流行杂志，摆上趣味十足的教育书籍（关于财产规划和房产规划的书籍）；摘掉F.W.伍尔沃斯公司[①]（F. W. Woolworth）的便宜内饰画，代之以相关的海报和企业标识。就这样，在没有进行任何广告宣传的情况下，他向现有顾客提供的业务数量多出了30%。一年之内，通过现有客户的推荐，他的客户数量也增加了一倍。

事实上，任何企业都可以通过使用这些方法创造出迎合市场需求的企业环境，提高企业业绩。

---

① 美国最早的五美分和十美分店。——译者注

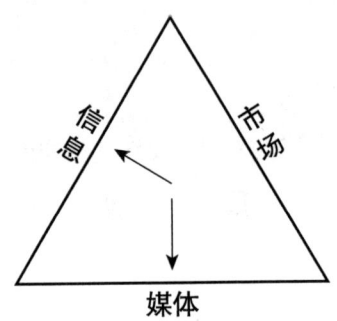

1978 年，在搬去亚利桑那州不久后，我便离婚了。接着，我走进了一个"单身市场"——一个名叫"博加特"的夜店（Bogart's）。这家夜店的人气很高，俊男美女如云，每逢周四、周五和周六我都会光顾那里。在这个汇聚了 75 万人口的城市里，"博加特"可能就是唯一的一家夜店了。每次进门的时候，前面总会有百十来个人在排队。不过如果你有熟人的话，就能有幸花 100 美元办一张会员卡，有了会员卡可你就可以走到后门排队，那里的人通常比较少。

某个周四的晚上，我去了"博加特"。但是两天后的周六，当我再去那里时，竟然发现场内几乎没有一个人。我问酒吧里的侍者："发生什么事了？他们是不是在这儿安了炸弹但没告诉我？"

他耸了耸肩膀，说道："火的时候就火，不火的时候就不火呗。"

"博加特"的确风光不再了。没过多久，它便关门大吉了。在这样一个行业里，一瞬间从万人追捧沦落到无人问津的境地是常有的事。事实上，其他很多行业也是这样，没有谁能得意太久。

终极营销的大忌之三：
把顾客的忠实当作理所应当的事

在美国，曾有这么一段时间，人们都保持着对某一品牌或某一企业的忠实，很少盲目地一时跟风。一个喜欢福特车的人就一辈子认准福特车，一个喜欢雪弗兰的人就一辈子认准雪弗兰，而且他们的父亲也很有可能分别是福特和雪弗兰的忠实用户；你现在的家庭医生也就是你唯一不变的家庭医生；本地饭店的顾客每个周五都会来吃炸鱼；我们也是购买本国货的国家。突然之间，这种习惯消失了，一切都改变了，但仍有很多企业主没有认清这个事实。他们还是愚蠢地期盼着，甚至理所当然地认为，他们的顾客还会对他们从一而终。遗憾的是，在这个人们的口味一天一变的新时期，你要不断地努力，才能迎合人们多变的需求。

掀起风潮是为了让现有的客户保持兴趣，并透过他们吸引更多的客户，也是为了获得免费广告宣传的机会，包括公开宣传、媒体报道、在线媒体以及人们之间的口口相传。而这些宣传活动本来可能会花费你数万、数十万乃至数百万美元，但这样做却花费很少。你可能会认为企业的命脉就是你手头上的现金，实际上，真正的命脉是客户的兴趣，而流入你手里的现金只是你奋斗的结果。人们对你的企业感兴趣，并保持着这种兴趣，心里一直想着，嘴上一直念着，这就是企业的风潮。流行趋势千变万化，来自身边同辈的压力不断，各类商品受到热捧，从中我们对"风潮"产生了一定的了解。过去流行呼啦圈，最近又掀起了"傻蛋橡皮圈"（Silly Bandz）的风潮（但是当你读到这本书时，"傻蛋橡皮圈"很可能已经销声匿迹了），眼下时兴的是苹果公司的iPad。这些都是你必要的装备，没有了这些装备你都不好意思和人家打招呼。即使到了38岁，人们还是想让自己和那些18岁的孩子一样紧跟潮流。的确如此，你可能不需要自己动手创造什么实在的时尚或时尚产品，可是让抽象的时尚产生作用，就可以帮助企业摆脱

无聊平庸的经营,给它的产品掀起风潮。

大家永远不会忘记的流行神话:一句愚人节的玩笑话成就了一位百万富翁

1975年的愚人节那天,"宠物石"在一家酒吧诞生了。当时,加里·达尔(Gary Dahl)正和他广告公司的同事在这家酒吧小聚,他们谈着谈着就提到了有关宠物的话题。他们抱怨说自己养宠物碰到了这样那样的麻烦事,达尔当时就告诉他的同事,自己的宠物是一块石头,接着便开始神侃:"**一给他带上皮圈就不好好走路,还会动不动就装死。他的名字叫'石头',不过没关系,就算你叫他,他也不会马上朝你滚过来的。**"达尔的话激起了大伙的兴趣,他们都很想拥有这样一个"宠物石"。回到家后的达尔突发奇想,决定把这个"传说中的"宠物变为现实。

达尔将他的宠物石放在一个纸质宠物盒内,并附上一份"训练指南",这是他模仿宠物狗的训练指南写出来的。于是,一个愚人节的玩笑话成就了这样一件风靡全国的商品。达尔将宠物石的首轮销售定在一场贸易展览会上,他知道,要想让宠物石火起来,就必须把它放在人们的眼皮底下,让人们走到哪个展台都能看见这个可爱的小玩意。结果,前来观展的顾客一下子就爱上了宠物石,一场展览下来,达尔便卖出了3000件。另外,内曼·马库斯公司(Neiman-Marcus)也订购了500件。由于达尔手头上没有现金,他决定抓住机会采用免费媒体进行宣传。《新闻周刊》(Newsweek)在当年的11月为达尔和他的宠物石提供了半个版面的免费宣传。他接受了1500个电台节目的采访,相关的新闻报道也层出不穷。到了圣诞节期间,宠物石的销售数量已经冲破了100万大关。达尔的例子正验证了宣传的重要性,也证明了有的时候,免费的广告宣传的作用并不亚于付费宣传。达尔赚得了人生中的第一个100万美元,那已经是35年前的事了。时至今日,

终极营销的第六个成功要素：
风　潮

仍然有很多人知道宠物石的故事。

我一直认为自己是整个美国最后一个入手尼赫鲁式上衣（高领紧身长上衣）的人。我一下子买了两件：一件是金黄色丝绸质地的，镶着金色纽扣；另一件是绿色天鹅绒的，配着珍珠白的纽扣和吊坠。我发誓，这两件衣服从我买回来的第二天就开始过时了。那些时尚人士一定是知道了连我这样赶不上潮流的人都开始穿尼赫鲁，所以他们肯定不能再穿一样的衣服了，否则就太老土了。所以，我寻思着，如果我也开始玩微博的话，那么明天人们就可能不再使用微博了。（但是我不会这么做的，人人都知道我从不上网。）当然了，在尼赫鲁式上衣风靡一时之前，还有无数的时尚风潮。如果你是在我父亲的那个年代，你可能会有几条锥形裤；如果是在我祖父的那个年代，你很可能会拥有一副鞋罩和一只怀表。

虽然说那些搭着帐篷彻夜排队抢购苹果最新产品的大都是成年人，但事实上，孩子们追求起时尚来更加狂热。只是孩子们更容易且更经常为时尚风潮所左右，比如对呼啦圈和下背刺青的狂热。这让我想到了现在与他们同龄的这些孩子，他们对傻蛋橡皮圈执意追求，我想你对此已经非常熟悉了。它的发明者是47岁的罗伯特（Robert），来自俄亥俄州的托莱多，他以4.95美元24根/包的零售价出售傻蛋橡皮圈，创下了一亿美元的销售额。迄今为止，各种"山寨版"的傻蛋橡皮圈在进入市场后也赚取了一亿美元的销售额。有一次，他拒绝了1000万美元收购他公司的提议。一年之内，他的公司由原先只有20名美国雇员，发展到400名美国雇员以及3000名中国雇员。在销售高峰期，每周可以卖出100万包傻蛋橡皮圈。他还加入了开发副产品的队伍，与惊奇公司（Marvel）、尼克电影（Nickelodeon）、迪斯尼公司（Disney）、奎兹诺斯快餐（Quiznos）等签订授权协议。他给自己的工厂和办公室安装了全方位监控系统，以便通过笔记本电脑随时查看情况。他抽空参加了世界扑克锦标赛，在3000名参赛者中取得了第187名的成绩。另一方面，这两年来他也经常24小时连轴转，每周七天超负荷工作，有时还睡在工厂里。业界专家说，现在唯一的问题就是这种风潮何时停止，

大多数专家认为只要其他风潮一起，这种傻蛋橡皮圈的风潮就会停止。他认为还有 5 年时间，我猜可能会更少。

有趣的是，这家公司从未在广告宣传上花过多少钱。销售量的节节攀升得益于孩子们的口口相传。另外，公司通过脸谱（FaceBook）、推特（Twitter）和你管（YouTube）让更多人知道了傻蛋橡皮圈的存在，借此展开"病毒式"营销。造就这一销售神话的神奇要素倒不是什么社会上的媒体，而是人们对于交易活动的偏爱，这是一种对交易活动的疯狂热爱。孩子们喜欢彼此交易，我曾在迪斯尼乐园亲眼见过他们的徽章交易活动，这简直成了迪斯尼的赚钱机器。难怪迪斯尼公司取得了如此辉煌的商业成就，也难怪罗伯特能制订出到年底卖出 2000 万包傻蛋橡皮圈的计划，即使学校禁止交易傻蛋橡皮圈也可以帮助营销。

这种活动的生命力在于"参与"二字，其他活动也可以借鉴这一点。人们通过某种方式让他们的亲朋好友"参与"进来，共同了解某一产品，从而打开产品的销路：一传十，十传百，百传千，千传万，销路自然一路攀升。"我的空间"（MySpace）就是这样做的：每一个注册了 MySpace 的人都想把自己认识的人也拖进来，不然就不好玩了嘛。另外，如果你的某个熟人注册了商业客户社交网络"邻客音"（LinkedIn），那你也一定会感到同样的压力，因为你的这位联系人会说，"我现在已经有了自己的交流圈了，你也必须加入我的圈子，这样才能跟上我的节奏"。身处一群使用社交媒体的同辈人（无论是孩子还是成年人）中间，不使用任何社交媒体的你无疑会感受到一股"同辈压力"，而且这股巨大的压力只会有增无减。就像对一个从来不玩傻蛋橡皮圈的孩子来说，看着别的孩子的手臂上套着花花绿绿的橡皮圈，你也会不自觉地想要加入这一潮流中，仿佛不这么做，自己就会变成一个与时代脱节的人。傻蛋橡皮圈正在引发一场狂潮，孩子们都认为不玩傻蛋橡皮圈的人就是"老土"的人。同理，你可以想一想拜数码发烧友所赐现下正风靡全球的 iPad。但是，傻蛋橡皮圈的成功更大程度上是由于它在鼓励全民参与方面作出的努力——人们不仅可以"买下"这些橡皮圈，还可以相互之间"交换"这些橡皮圈。

"受迫交易"也是一个非常有趣的营销概念。我在之前已经说过了,迪斯尼的徽章交换就属于这一类型的活动。另外,在一些家庭举办的聚会中,人们也会计划着让客人们"义务性地"买点什么。一般来说,在筹集资金时这一做法就非常管用,孩子们会兜售一些小玩意,尽管人们并不需要这些东西,但还是会掏钱买下,为学校、乐队、体育队或其他事由贡献资金。几乎没有人会把这一想法同MySpace、Twitter和傻蛋橡皮圈的大规模"病毒式"快速营销联系在一块儿。

我的一位客户达林·斯宾德勒(Darin Spindler)就将所有这些营销技巧,包括乘法效应在内,一并运用于他的KidsBowlFree.com网站业务,并在一周之内建立起了一个拥有100万个在线用户的数据库。

相关的问题是:怎样做才能让你的客户兴致冲冲地向他们认识的人推荐你的产品或服务?

傻蛋橡皮圈还让我们懂得了"风潮"与"速度"之间的关系。如果你想让人们为你的产品着迷,你就必须速战速决。迅雷一般的攻势一旦打响,什么都阻止不了人们追逐它的脚步。傻蛋橡皮圈的发明者罗伯特甚至放弃了海运,下重本将制造好的橡皮圈从中国的工厂空运回美国,将原本为期四周的交货期压缩到四天,以保证美国国内有充足的货源,不会让任何一家商店挂出"已售完"的牌子。他像上了发条一样不知疲倦地工作着,决心在这一场疯狂的赛跑中一路领先,而且他知道,自己很快就到达终点了。但是,大多数人都从来没想过用这种方式做生意。他们做起生意来就像在跑一场终点遥不可及的马拉松,没有多少紧迫感,更没有疯狂地进行冲刺,就这么不紧不慢地向前跑着。如果你想让人们集中精力,对某一件事物产生极大的热情,那你最好要一鼓作气完成这一目标。这个道理同样适用于营销活动。钻木取火讲究的是"手快",动作慢吞吞的人则无法成功。

终极营销的第九个秘技：
常新常变

我们对于变化和新生事物抱有浓厚的兴趣，这一点也反映在我们的日常用语中。和熟人打招呼时，我们通常会说："有什么新鲜事吗？"而不是问道："嘿，有什么老消息吗？从我上次碰到你到现在，没什么变化吧？"为什么我们不这样发问呢？因为我们对于老旧事物提不起任何兴趣。

如果你想要留住顾客，让你的顾客保持兴致，并且向其他人提起你，你就要设法回答好顾客提出的这个问题——"有什么新鲜事吗？"。

内部人员都认为在华特（Walt）去世之后，迪斯尼经历了一段"黑暗时期"。那时的迪斯尼已经没有新的花样供游人赏玩了，这让迪斯尼帝国开始摇摇欲坠。所幸，迈克尔·艾斯纳（Michael Eisner）来到了迪斯尼公司，他掀起了频繁的创新热潮，迪斯尼也如同被施展了魔法一般"起死回生"，如今的迪斯尼更是风光无限。艾斯纳离开公司后，鲍勃·伊戈尔（Bob Iger）接替他挑起大梁并继承了他的理念，为求新求变不断投资。

至理名言

能让我忙碌不休的只有"现在"和"将来"的事。

——诺曼·李尔（Norman Lear）（86岁），电视/电影制片人、政治活动家

对自然而然犯下的唯一不可饶恕的罪孽就是原地踏步，停滞不前。

——罗伯特·柯里尔（Robert Collier），著名广告业先锋人物，玄学大师，《罗伯特·柯里尔书信集》和《秘密》的作者

终极营销的第六个成功要素：
风　潮

最具说服力的例子恐怕还是麦当劳公司。你会发现，麦当劳很少会连着两个礼拜都不推出"新花样"：他们总会推出各式新产品、特价优惠活动、新游戏或是新的赠品。麦当劳创始人雷·克罗克（Ray Kroc）曾经说过："我们讲究以其他人无法比拟的速度进行创新。"麦当劳的确做到了，而你也应该做到这一点。

掀起风潮并再度持续掀起风潮的八种最佳方式

1. 让人们意识到你的行业声望

当地报纸或娱乐杂志可能会每年发表一篇"（你所在的城市名）最佳企业"之类的专题文章。这时候你就要和那些专栏作家、电台主持人和电视记者搞好关系了，因为他们会对你的营销事业产生极大影响！如果你可以让自己的企业得到知名人士的惠顾，并且能通过媒体平台为你的企业造势，那么你就会成为他人眼中的"热点"，吸引足够的关注度。

如果你的行业面较窄，服务对象并不是全体大众，那么你的媒体曝光率也会相应减少，但是你仍然可以选择与出版商、编辑走得近一些。几年前，我为口腔科医生的营销活动做了大量工作，结果顺利地被某行业杂志评为"年度营销专家"。这并不难做到，事实上，我已经提前几个月和那家出版商搞好了关系。

在格雷泽－肯尼迪内幕圈中，至少有六位成员运用计谋成功地让自己的公司进入了《公司》杂志的"500家成长速度最快的公司"之列，或是让自己荣登《创业者》杂志的"顶级经营者"榜单。我写的书也时不时地被纳入《商业周刊》杂志和亚马逊畅销书名单，以及《公司》杂志的"100本最佳商业书籍"之列。

以上所有的"荣誉"并没有像你想象的那么遥不可及，关键在于你要

在每一次评选机会所设定的具体标准上下功夫。这些奖项的生命很长,可以增加你在本地乃至全国媒体中的影响力,让你的企业出现在各大新闻中。

格雷泽－肯尼迪内幕圈本身也会设置一些年度奖项竞争,比如年度营销者、年度服务业营销者、年度零售业营销者、年度专业实践营销者等。其中很多胜出者都成功地将自己获得的荣誉通过产业媒体、本地媒体和在线媒体传播给大众。每一位成员都有资格角逐这些奖项。

2. 开发新产品

你应该广泛阅读行业杂志和报纸,经常参加一些会议和贸易展览,多多搜寻那些新奇有趣的新产品,并将它们奉献给你的客户。你也可以自己动脑筋开发新产品。

你要向快餐行业学习,注意塔可钟、汉堡王(Burger King)、阿拜斯餐饮集团(Arby's)、麦当劳、肯德基(KFC)等快餐公司是如何对他们推出的新产品或限量产品进行广告宣传的。麦当劳的烤汁猪排堡也时常以限时的形式在一年之内数次进出菜单,而它的每一次出现都会向"特大新闻"一样引起人们的关注。是的,你没看错,烤汁猪排堡的"回归"也能算得上是一条新闻!

如果你觉得让你的产品产生同样轰动的效果有一定的难度,你也可以从现有产品入手,努力让它们给顾客带来新的"感受"。举个例子,在格雷泽－肯尼迪内幕圈中,我们每年都会召开一次会员大会,我们称之为"赚钱暨营销超级大会"。大会在每年的固定月份召开,每次会议的程序也一样,包括成员发言、参观工作房间、展览厅、颁奖以及社交集会。为了避免"炒冷饭"之嫌,我们着力于三项关键活动,确保每次大会都会给参与者带来新感受:第一,比尔·格雷泽和我在每届大会上都会围绕一个全新的议题展开讨论;第二,我们会配合各种不同的营销主题;第三,我们每年都会邀请一两位名人企业家来到现场发表演说,与观众合影。比如说,2011年的大会就提出了一个与往年完全不同的主题——"构建更好的业务",为配合这一营销主题,我们使用了建筑工业的行话和图片。作为2011年的新活动

（也只有2011年才有），每个讲习班中的参加者在离会时都需要提交可供实施的营销"蓝图"，这些设计图将放在"安全帽区"展出。提早注册参会的人员将得到一件限量版的斜纹布"工作衬衫"作为纪念。因此，你完全可以每个月都为你的生意设置一个新主题。

3. 提供新服务

你应该为你的顾客提供新的，同时也是更好的服务方式。人们越来越希望可以把自己的事交给他人操办。家居连锁店家得宝公司（Home Depot）的经营理念也因此发生了重大转变，原来顾客需要自行处理购买的家居建材用品，而现在家得宝开始广泛提供"为顾客代劳"的服务，从铺装地毯到厨房改造，家得宝都可以一一为顾客代劳。许多企业都正在采取这种全方位服务的营销模式——如果我们无法提供服务，那么我们会安排别的商家提供。我把三辆老爷车和一辆平时代步用的汽车都交给了某家汽修店代为保养，这家汽修店不仅要自己上门取车并将车送回，并在必要时提供替代车，还要按照要求对车辆进行废气排放检验、更新牌照、向保险公司提供照片和信息，并安排租用带暖气的车库以便在冬天存放汽车。只要是和我的汽车的相关事宜，他们都会替我办得妥妥当当的。在我的《不看资产负债表，照样获得新经济时代的商业成功》（*No B.S. Business Success in the New Economy*）一书中，我也解释了这一点。事实上，汽修店的这些做法十分符合企业利益，是小型联合企业经常采用的战略手段。通过提供这些服务，汽修店可以与其他非竞争关系的企业协同合作，达到相辅相成的效果。

4. 紧跟潮流，密切关注重大新闻事件

你要了解时下人们的想法和谈论的话题。著名文字撰稿人罗伯特·柯里尔就曾经说过，要能够"融入潜在顾客正在讨论的话题中"。这一强大的战略手段需要足够的洞察力和对市场风向的精准把握。对于我们身边正在发生的事和新闻中的各类报道，以及每个可以采取行动的契机，你都要做

到了然于胸。

在比尔·盖茨（Bill Gates）的公司由于企业垄断和不正当经营手段遭到政府批判的那段时间里，每天的新闻都在跟踪报道最新情况。我的一位客户巧妙地抓住了时机，增印大量的广告和销售信并广发传真，称自己的产品可以为你的企业增强压倒性的竞争优势，让你像比尔·盖茨一样凌驾于你的竞争对手之上，即使你可能因为破坏行业规矩受到处罚，但那点罚金和你赚取的利润比起来也是微不足道的。事实证明他的广告打得正是时候，客户的广告回应率增加了50%。

治疗关节炎的处方药罗非昔布刚被撤出市场，内幕圈的老成员莱斯特·内森（Lester Nathan）就开始为自己的新药品向全国各地的药房展开广告宣传。值得表扬的是，他的动作很快。在药品召回后的36个小时内，他就在全国各地的报纸上对新的替代药品展开宣传了。

莱斯特·内森的广告案例

事实上，他还可以利用这次机会作进一步的宣传，向公众说明某些药品可能造成的危害以及自然疗法和顺势疗法的好处。

你会和自己的客户交流，这一点是毫无疑问的。我们也希望你能通过电子邮件和社交媒体与潜在客户交流。至于如何吸引这些客户的兴趣，秘诀就在于制造一些"重大新闻"。著名广告人大卫·奥格威（David Ogilvy）曾说过，很多广告创意之所以能取得轰动效应，关键是因为其具有新闻性。如果你想自己的事业保持风潮，最好能够每天爆出一点"新料"。

5. 利用节假日展开促销活动

还是那句话,你要了解时下人们的想法和谈论的话题。而人们口中永远不会过时的话题就是"下一个节假日"。我们列出了一些基本的节假日,但这只是一小部分。我们有很多法定假日和特别周末,比如"护士周"(Nurses' Week)、"美国全国松鼠观赏日"(National Celebration of Squirrels Day)、"冰淇淋圣代周"(Ice Cream Sundae Week)等等。几乎每个行业都至少有一个属于自己的节假日。格雷泽－肯尼迪内幕圈的成员在这方面就做得很好,我们印发了一本专门的节假日促销手册,囊括了各个行业的促销活动。

促销计划

一月 / 第一周　　　　　新年

一月 / 第三周　　　　　马丁·路德·金纪念日

一月 / 第四周　　　　　澳大利亚国庆日

二月 / 第一周　　　　　情人节

二月 / 第二周　　　　　林肯诞辰纪念日

二月 / 第三周　　　　　华盛顿诞辰纪念日

三月 / 第一到第三周　　圣帕特里克节

三月 / 第三或第四周　　正式进入春季

四月 / 第一周　　　　　愚人节

四月 / 第二、三周　　　复活节

四月 / 第四周　　　　　意大利解放日

五月 / 第一到第三周　　母亲节

五月 / 第三周	武装力量日
五月 / 第五周	阵亡将士纪念日
六月 / 第三周	国旗纪念日
六月 / 第四周	正式进入夏季
父亲节	
七月 / 第一周	美国独立纪念日
七月 / 第二周到第四周	盛夏时期——夏季活动
八月 / 第三、四、五周	学生准备返校
九月 / 第一周	（美）劳动节
九月 / 第四、五周	犹太新年，赎罪日
九月 / 第五周	正式进入秋季
十月 / 第二周	（美）哥伦布发现美洲纪念日
十月 / 第三、四、五周	万圣节
十一月 / 第一、二周	选举日
十一月 / 第三周	退伍军人节
十一月 / 第一、二、三周	感恩节
十一月 / 第三、四周	启动假日购物季
十二月 / 所有礼拜	圣诞节，光明节
十二月 / 第三、四周	新年前夕

看得出来，十二个月中几乎每个礼拜都会涉及节假日，因此你全年都可以开展促销活动。

6. 利用电影和娱乐活动

人们闲暇时总是喜欢讨论昨晚看了什么电视节目或是上一周看了什么电影，聊一些明星八卦。

对于我的客户，我们经常会通过各种电视电影节目帮他们达到营销宣传的目的，从《绝望主妇》（*Desperate Housewives*）这样的电视剧到最新的詹姆斯·邦德（James Bond）系列电影，不一而足。比如说，全国专业武术协会想出了一个好办法，通过让孩子和家长们观看武术电影在校园中开展的宣传活动。《功夫熊猫》（*Kung Fu Panda*）这部片子就很不错，当我写到这里的时候，他们正要准备播放《功夫熊猫》的续集部分。他们的宣传工作包括打广告，邮寄广告，在线内容、游戏和竞赛，组织"观影之夜"，并且鼓励当地学校的领导通过媒体报道观影活动，参加访谈活动，向大家宣传武术在塑造孩子们的人格、帮助他们树立自尊心以及增强体质方面起到的良好作用。

另外，你要注意一点，即在利用电视节目和电影时可能涉及版权和商标问题。本书仅提出建议，不提供任何法律依据。你必须保证自己的商业活动是在合法范围内进行的。

7. 即使是和你的业务毫不相干的时尚风潮，也可以为你的成功添砖加瓦

我不清楚你是怎么想的，但是我知道，如果有人来找我投资一部电影，而且这部电影讲的是一群住在下水道里，吃披萨、玩摇滚，还精通武术的巨型乌龟，我一定会立马开张支票递过去。要知道，《忍者神龟》（*Teenage Mutant Ninja Turtles*）已经红遍全球啦！必胜客披萨（Pizza Hut）已经在这部动画片中植入了广告（其中一只忍者神龟非常喜欢吃必胜客披萨），而我认识的一位牙医更是直接买了很多忍者神龟的标本摆在办公室里，然后给所有

的客户发了这样一封邮件:"带任意一位儿童进行牙科检查,仅收取9.95美元的费用,另外还可以让他(她)免费挑选一只喜欢的忍者神龟带回家——送完为止!"我可以保证,如果我有一家宠物商店,或唱片店,或玩具店,或是童鞋店,我也一定会在忍者神龟走红后想出好的点子展开促销活动。

幸运的是,每隔几个月我们的身边就会掀起不同的风潮。很有可能在这几页纸的笔迹还未干透之前,我提到的那些时尚狂潮就已经成为了过去式,新的势力又将不断崛起,等待着独具慧眼的营销者来开发无限潜能。

8. 写作、自行出版或找人出版、促销图书

如果你是一个连自己的购物清单都写不好的人,我建议你雇一个人为你写作,或者选择一份成套的"代劳服务"。我有一位在优势出版集团(Advantage Publishing)(www.advantagepublishing.com)工作的朋友亚当·维蒂(Adam Witty)就可以提供这样的服务。不管你从事的是哪个行业,你还得想办法出一本书。具体原因有以下三点:

第一,出书可以证明你的权威性,有助于建立客户对你的信任,为你增强竞争优势。在指导金融顾问的工作时,我和另一位咨询师马特·扎古拉以及全国性的销售组织"卓越咨询"都建议这些金融顾问每人至少出一本相关书籍,以树立权威的形象。马特自己也出了一本书,即《抢钱者入侵》(Invasion of the Money-Snatchers),他顺势开展了一系列作者见面会活动,读者们慕名而来,马特因此增加了数百名潜在客户。(注意:如果你碰巧也是一位金融顾问,想了解马特和我在这方面提供的营销建议的话,可以访问www.CreatingTrustBook.com。我们俩也针对金融顾问工作可能涉及的问题合著了一本书,即《在互不信任的世界中营造信任》(Creating Trust in an Understandably Un-Trusting World),希望可以为你答疑解惑,同时,这本书也奠定了我和马特在该行业的地位。)

第二,从很多方面来看,对所著书籍进行广告宣传其实相对简单。你可以轻松地利用出书的机会为你的产品或服务进行免费宣传。我的同事

终极营销的第六个成功要素：
风　潮

罗伯特·斯科罗波（Robert Skrob），同时也是信息营销协会（www.info-marketing.org）的会长，撰写了《信息营销的官方致富指南》（*The Official Get Rich Guide to Information Marketing*）一书，此书介绍了我们这个行业面对的各种机会。只要他愿意的话，他就可以参加各档电台访问，在各大杂志中屡屡提及他的著作，并可以通过网络媒体宣传他的著作。然而，如果他没有出那本书，想要为他的协会获得同样的媒体曝光率就难得多了。演员苏珊娜·萨默斯（Suzanne Somers）最为人所熟知的角色就是在情景喜剧《三人行》（*Three's Company*）①中饰演的那个举止轻浮的金发女郎。她本来并不是专业人士，但是在出书之后，她便成为女性健康问题和替代疗法方面公认的专家。奥普拉脱口秀（Oprah）、美国有线电视新闻网（CNN）、福克斯广播公司等诸多主流电视媒体和网络媒体竞相邀请她参加访谈节目。正是因为她的作家身份，人们才视她为业内的权威专家。让自己成为社会名人无疑会推动你的事业，如果你还想要锦上添花的效果，就好好琢磨琢磨，出一本像样的书吧。

几年前，我建议一位来自比弗利山庄的美容整形外科医师自己出一本书，然后通过新书宣传，代替打广告，成功地解决了广告回应率低的问题，为他在混乱的行业竞争中指明了方向。最近，在我的敦促下，我的两名客户同时也是Infusionsoft软件公司的管理层，克雷特·马斯克（Clate Mask）和斯科特·马蒂诺（Scott Martineau）合写了一本书——《有规可循：如何成功发展一家小型企业》（*Conquer the Chaos: How to Grow a Successful Small Business Without Going Crazy*）。这本书的内容十分精彩，宣传工作也很到位，问世后便挤进了各大畅销书榜单，包括《纽约时报》（*New York Times*）榜单的第一位。可是他们的Infusionsoft软件公司是一家以企业为客户的公司，不向消费者提供产品或服务。他们都是自封的专家，此处我没有任何不尊重他

---

① 《三人行》从1977年首播，直到1984年才下档，是跨越上个世纪70到80年代最成功的美国电视喜剧。——译者注

们的意思。(我本人就对"自封"这回事深信不疑。)他们的公司规模虽小,但正在快速发展;他们也不是什么著名的CEO。如果他们可以写出一本有价值的好书,并进行成功的宣传,谁说就不行呢?但是有一点要明确:他们作为作者,能够开启很多方便之门。但是,如果他们借此想为他们的软件公司做免费宣传,那么那些方便之门都将关闭。作者的身份并不是万能的。

通过做慈善活动获得公众的好感

商业与慈善活动时时刻刻以成对的形式出现在我们身边。事实上,你无需拥有一家大公司,也不需要和全国性的大型慈善机构打交道,就可以加入这一活动。你可以从本地小企业做起,和本地慈善机构合作,这足以为你提供良好的契机,让你所在的社区和你的顾客更加欣赏你的作为,同时给予你更多在媒体中露脸的机会。

我们在本书的前面提到了格雷格·尼尔森医生,一位来自某小城镇的脊椎按摩师。他一直尽心尽力地为社区服务,同时也是媒体报道中的常客。以下是尼尔森医生在十月和十一月使用过的两封简洁的销售信,寄送的对象是他"曾经"的病人、现在的病人以及对他的业务感兴趣的其他人。每封信都简要地提到了他给社区的消防部门所做的捐赠。另一张照片和文字说明来自于当地某报纸——这可是免费的广告

格雷格·尼尔森医生十月和十一月的销售信

终极营销的第六个成功要素：
风　潮

哦！凭借邮寄广告和媒体关注，尼尔森又赢得了110名登门顾客。

另一个极好的例子就是比尔·格雷泽本人，他通过一个拍卖名人签名领带的独特活动将自己的50周年店庆促销活动和慈善机构"仁人家园"（Habitat for Humanity）联系了起来。这个例子就是将名人效应和慈善活动相结合的典范。

巴里·利西亚医生是一个美容整形业务的营销顾问，他经常在公开活动中露面，以提升自己的知名度。他接受了全国一百多家报纸的采访报道，还成立了一个专项计划，为家庭暴力的受害者提供免费美容整形服务。

比尔·格雷泽的名人领带拍卖案例

免费广告宣传使用到的基本工具：宣传资料袋和新闻稿

宣传资料袋是一个文件夹或小册子，记录了有关你以及你的产品或服务的基本信息；你的专家资格；与任何媒体、银行家、出借人、投资人、卖方甚至是客户或顾客进行接触的通用个人背景信息。另外，你还需要准备好相应的在线内容：在你的网站里开辟一块专门面向媒体的版块，内容和传统的线下宣传资料中的基本信息一致。当然网络版也有自己的优势：你可以出现在视频中，与媒体在线沟通；你可以上传自己以前接受过的最佳采访，供人们收听观看；你还可以与媒体人士在线沟通。线上和线下宣传资料都应包括以下几点内容：

- 你的个人小传或者个人简历。
- 你的企业、产品或服务的发展史。
- 你的企业、产品或服务的照片。
- 你处于工作状态时的照片、你和名人的合影以及你接受电视或其他媒体采访时的照片。
- 你写过的文章或书籍的节选内容。
- 有关你和你的企业、产品或服务的文章的复印件。
- 财务状况表或通讯稿。比如,有关研究内容、问卷调查、新产品、与非盈利机构的关系、获得的奖项等。
- 列举出你在哪些方面具有专业权威。

除了这些基本内容以外,你还要准备一些能够"吸引人眼球"的附加信息。你要确保上述基本内容生动有趣、具有说服力,而且能让那些工作繁忙又缺乏耐心的脱口秀邀请人、制片人、主持人、记者或其他媒体人感到一目了然,并可以随时拿来使用。

你可以以附信的形式将你的宣传资料寄给各家电台以及电视台的制作人或经理、各大报纸和杂志的编辑、个人访谈的主持人和制片人以及个人专栏作家。只要对方收到了你的附信,这就意味着你有机会按照对方的档期安排成为他们的座上客。具体说来,就是你的宣传资料已经被对方存档,当他们需要一位来自你所在行业的专家时,他们就会和你联系。你也可以定期向你联系的这些媒体邮寄或发送电子邮件,告知对方你的新信息。

我们的建议针对的是你第一次与可能对你感兴趣并且对你有实际用处的媒体进行联系的情况。如果对方已经确定了你的信息足够有料,能够引起观众的兴趣,那么媒体与你联系的机会就会越来越多。

另一个基本工具就是一份好的新闻稿。你可以多创作几篇新闻稿,把自己或你的业务与时事联系起来。你还可以通过群发传真和电子邮件这些低成本的做法将新闻稿传给电台和其他媒体。

现在的媒体越来越多地从视频网站（YouTube）和社交媒体，如脸谱（Facebook）和社交关系网（LinkedIn）中寻找新闻资源和人们感兴趣的故事。因此，如果你想要提高自己的公众知名度的话，就可以利用网络平台，参与相关的活动。

在成功运用新闻稿方面，我那能言善辩的同事保罗·哈尔图尼安博士（Dr. Paul Hartunian）堪称专家。保罗是真正卖出了纽约布鲁克林大桥的人，当然他出售的只是该桥1883年初建成时木制人行道用的小木片。保罗赚了成千上万美元，但这一切都是通过像广播采访之类的免费广告和发表新闻稿实现的。他参加过很多电视节目，如今夜秀（The Tonight Show）、奥普拉脱口秀、萨利·杰西·拉斐尔（Sally Jesse Raphael）①的脱口秀，他也接受过美国有线电视新闻网络的采访，甚至上过《福布斯》（Forbes）杂志。这些在公众面前露脸的机会成功地推动了他的事业。保罗通过发布新闻稿为自己进行免费的宣传，而这些免费宣传的效果着实不容小觑——他已经借此赚取了几百万美元的高回报。保罗深知一点，那就是媒体并没有多少兴趣给你做免费宣传，他们想要的是从你这里挖掘一些"猛料"，以此吸引读者、听众或观众的注意力。

你可以访问www.hartunian.com了解保罗在提高公众知名度方面的相关信息。

至于保罗的观点，我自己也有过一些亲身经历。当时我出了三本《不看资产负债表》的书籍，克利夫兰（我曾经居住过的城市之一）的三大电视网之一邀请我参加他们的晚间黄金档新闻节目，但是他们的目的并不是为我的新书打免费广告或是做促销书活动。事实上，在他们看来，我和普通本地人"不大一样"，我既赛马又出书，这就是新闻的看点所在。我接受了采访，但是对方并不是商业记者，而是体育记者。我当时穿着赛马的骑手服，站在一匹马旁边，而我的书则被整齐地摆放在草垛上，排成一长串，

---

① 莎莉·杰西·拉斐尔是美国著名脱口秀节目主持人，出生于1935年，现在她的脱口秀节目已经持续播出20年，每次出镜都是带着超大的红边眼镜。——译者注

这个场景播放了两遍。我的营销任务就此完成了。

我个人也经常采取"迂回路径"的方式提高公众知名度。在过去一年左右的时间里，我为商业与媒体研究所（参见 BusinessAndMedia.org）撰写每周时政评论专栏，并由他们安排在网络上发表。这家研究机构隶属于华盛顿特区知名的媒体研究中心（Media Research Center）。我写的时政评论中不乏一针见血之作，每每这个时候，各电台就会邀请我参加广播脱口秀，就我写的专栏内容进行采访。每次做嘉宾的时候，我都会为 BusinessAndMedia.org 作宣传。另外，我还不忘提一下我写的几本商务书籍，告知人们有关格雷泽-肯尼迪内幕圈以及其网站，甚至直接邀请人们加入我们，成为内幕圈的一员。收听我们的时政评论谈话的听众有很多都是小型企业主、创业者和销售人员，我的目的也就达到了。但是我发现，如果我打算在一些脱口秀中推销书籍或者为企业作宣传，而不是以一个栏目撰稿人的身份接受采访，那么我就要费很大的力气才能通过这一媒体得到免费广告的机会。然而，无论出于什么目的，你都可以向所有的广播及电视节目的制片人和主持人直接宣传自己。我的客户比尔（Bill）和斯蒂芬·哈里森（Stephen Harrison）都是公共宣传方面的一流行家。他们推出了两项服务业务，可以帮助你达到宣传的目的，即电台/电视采访报道和（可以为你迅速联络到媒体的）全国宣传峰会。

你唯一的选择

在瞬息万变的商界，人们的生意要么走上坡路，即不断掀起风潮；要么就是走下坡路，即风潮随之减退。这就是我们身边每时每刻都在发生的事。你选择走哪一条路？

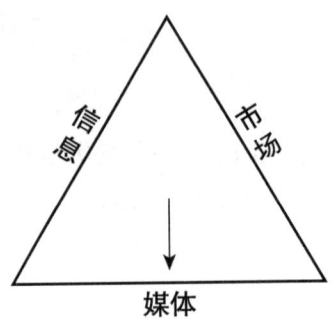

  我的朋友罗伯特·林杰（Robert Ringer），他是传奇般的畅销书《恐吓来的胜利》(Winning Through Intimidation) 的作家。除此之外，他还写过一本书，你甚至不需要读一下就能够明白文章的大意——正如书名所说：《行动起来：没有风吹，何来草动》(Action: Nothing Happens Until Something Moves)。而在我所著的《不看资产负债表，新经济时代自有财富魅力》一书中，我所提倡的"吸金大法"之一就是"行动起来"。

  有太多的企业家只是无作为地坐等。他们满足于自己在广告和市场营销上的小小投资，理所当然地认为这些就足以使自己走向成功。另外一些人则觉得自己受困于手头那有限的资源，因此束手束脚，不能够有效地提升企业的经营效率。这两种态度都是不正确的。我的座右铭就是：总会有可以大展身手的地方——行动起来，就是现在。不管在市场营销上面投入的资金是多是少，我们都可以假借个人或者直系代表团之手来进行改良，即使耗用再多人力也值。

终极营销的第七个成功要素：
行　动

避免破产，吸引顾客

在我的事业刚刚起步的时候，有人给过我这样睿智的建议："年轻人，你要做的第一件事情就是在自己发财致富的时候避免破产。"我当初要是多多留意这个建议，也不至于在后来遭遇那么可怕的经济危机。通过观察别人，我注意到，有不少企业家因为投巨资于广告宣传以及昂贵的营销方案而破产，其实他们当时完全可以采纳那些开销较低的方案。好好想一想，只要有足够的金钱（或是信贷），傻子都能够招徕到顾客，建立起一个企业。事实上，的确有许多傻子把来自股东的美金成百万成百万地花在广告和营销上。真正的天才不用花大钱就可吸引到顾客，做成生意。这也是本章致力要说明的事情。

机遇在召唤！

我去买鞋子的时候，那家鞋店的电话响了起来。在它执着地响了六声之后，柜台的店员抱怨着："该死，我忙着呢！"然后不情愿地接了电话。想想他的态度听起来会让电话那头的人产生什么样的感觉呢？

每一天，这种态度上的错误都在各种你所能想象出来的行业里无数次地上演着——不期而至的电话"扰乱"了重要的工作。改正这一错误，你就在成功留住旧客、吸引新客的道路上迈出了重大的一步。

打进来的一通电话可以给你带来各种各样的消息：来收税的人，你的岳母大人说她要给你个"惊喜"——长达两周的拜访，或者是隔壁的商家打来电话告诉你你的店着火了。这些来电的重要性各不相同，然而，这些电话里有很多是来自那些潜在的、现在的或者是以前的顾客，这就是机遇的召唤！你可不能把它们看做是骚扰电话。

如果来电的是一名潜在的客户，那么，接电话的人员此时的目标就非常明确了，他必须要明确自己的任务并且全力以赴地去完成它：劝说顾客来到店里，或是记录下她的姓名、地址和电话号码，或者做好预约。这不只是发布消息，这种来电也是一项**营销**事件，必须交给受过训练且态度积极的营销人员去完成。对于有长期培训员工计划的小型企业家，我向他们推荐该领域中的专家克丽丝·穆林斯（Chris Mullins），可登录网站www.mullinsmediagroup.com 来获取更多信息。

这类来电也为你抓住后续事情的好开端提供了机会。我要说一个我所见过的最有指导意义的营销故事，绝对的真人真事：

一家大型汽车配件商场的企业家为他用于广告上的昂贵资金而伤脑筋，抱怨着每周在报纸、广播和电视广告上砸了上万美元却收效甚微。在和商场的员工稍作沟通之后我便发现了问题之所在：他们都为了响个不停的电话而烦不胜烦，这些人打来咨询的电话严重影响了他们的工作。某个周六，一整天我都待在店里做记录，类似的来电超过了200通。以下是员工们回应来电的方式，当然礼貌友好的程度因人而异：

"这里是某某汽车配件商场，有什么需要帮助的吗？"接下来来电的人会陈述自己的意图，他的咨询往往是这样的："我看到了（听到了）你家的广告，68款福特野马车的发动机传送多少钱一条啊？"

而回答往往是这样的："我来看一下，请等一会儿……还在吗？是62美元50美分。"咔嗒，电话给挂掉了。

你立刻就会发觉，这家商场之所以收效甚微根本不在于广告。而且，公平地说来，店里的人也没犯什么错。他才是问题所在。是他，没有弄清楚这个行业里所发生的事情；是他，没有提醒员工们来电的重要性；是他，没有教会员工如何有效地处理来电；是他，没有成功地激励自己的员工；是

终极营销的第七个成功要素：
行　动

他，没有关注员工们的所作所为。

这是我们要做的事情：

- 普及接电话时的速记方式，员工在听电话的时候应快速记下来电者的姓名、地址以及电话号码。这使得每通来电都有了价值，哪怕当时并没有做成买卖或是吸引顾客到店。而没有这些记录，来电便毫无意义。无需更多开销就可以获得更多价值，何乐不为！
- 将速记方法教给每一个接电话的员工。
- 建立奖项，当天在店内工作的员工可以在一天工作结束的时候，凭借记录下的姓名、地址及电话号码获得奖励，每条记录价值50美分。
- 除了速记信息之外，还要追加一个"电话促销"战略：立刻为消费者提供面值100美元的优惠券，内含店内销售的多种产品的优惠券以及当地洗车行的免费洗车券，而售价只要19.95美元。

终极营销的第十个秘技：
明确员工的态度，有的放矢

这个战略取得了立竿见影的效果，来电者更多了，而当天就到店的人数更是比以前翻了几番。更重要的是，有许多顾客尽管没有立刻到店，却为我们提供了他们的联系方式。随着接下来六周时间里的邮件攻略，该商场成功地将一半以上的来电者转换成了它的客户！有一名拒绝参与到本次项目中的员工被视作"害群之马"，老板果断地开除了他。而其他员工有机会通过收集信息而轻松获得额外的奖金，更加士气高昂。

终极营销的第十一个秘技：
电话促销

除此之外，我们还可以通过电话促销来增加收益。我想 19.95 美元不算多少钱，但是这却给这家店带来了周末的两百多通来电。其中有二十多位来电者愿意花 19.95 美元买下优惠券：399（美元）×52（天）=20748（美元），每年可以多赚这么多钱。更重要的是，20（人）×52（天）=1040（人），有 1040 名新顾客，他们一定会光临这家店，因为他们花钱购买了在这儿购物的特权！

如果你曾经致电某家比较好的商品目录公司的话，那么你对电话促销就不会陌生。话务员记下你的订单之后，她总会再来一针兴奋剂："哦，还有一件事……今日来电的顾客我们有特殊优惠，您想要了解一下么？"

这就是一个良好的广撒网式营销原则，而不是仅限于如何让来电更有价值：发掘产业中的细枝末节，不放过与顾客的每一次互动，不遗余力地去榨取利益。如果你想要在不增加广告或营销上的财政投资的基础上增加收入的话，这条路不妨一试。

广撒网，收顾客

电话沟通是双向的，既可以打进，又也可以打出。好吧，这简直是废话。《如何管理和实施电话销售》（*How to Manage and Execute Telephone Selling*）的作者伯尼·古德堡（Bernie Goldberg）说过，有的人每小时可往顾客家中拨去 25～35 通电话，可以完成其中的 10～15 通电话；有的人做电话销售每小时可拨出 20～30 通电话并完成其中的 5～10 通电话。假设一个员工，

终极营销的第七个成功要素：
行　动

每小时工资5美元，他1小时只能完成5通电话，那么每通电话价值1美元；如果一个员工可以1小时内完成10通电话，那么你的花费就降低到每通电话50美分。这样一来，电话营销就和其他的广告和营销策略或多或少有一拼，做起来也更为快捷。

为什么选择电话促销呢？因为所有人都有电话，并且都会在电话铃声响起的时候去接电话。人们或许会在看报纸的时候跳过你的广告，会丢掉你的信件，忽略你的电邮，但是电话响起来的时候，他们总是会去接的。

不幸的是，旨在寻找顾客的"冒失"电话现在对于那些将自己姓名列入"全美不接受电话推销名单"的人来说，已经属于违法行为，这种危险行为越来越不为人们所欢迎。然而，还是有人对你们的产品有兴趣，并且愿意进一步进行了解或合作的。对于这类群体来说，电话销售的优势是显而易见的。与感兴趣的潜在客户进行电话沟通仍然是我们可用的最直接、最低消费高效率的营销手段。同样的，"不接受电话推销"法律规定并不会影响商家之间的交易情形，因此，对于商家的电话营销仍然是一道开放的前线。

在一家印刷公司里，我拿出一张记录了店铺周边的小商家以及它们的联系电话单子，简单地进行了电话速记，并要求5名员工（5人均非专业的销售员或电话营销员）就此展开竞争。他们的效率差不多都是每小时打1通电话，一天可完成8通电话。一周内吸引到最多新顾客的员工可获得100美元奖金。这家店每天打出电话40通，一周就是200通。把100美元的奖金这么一除，也就是每通电话花费50美分。同样的，这家店每周平均吸引到10名新顾客。**所有的**行业都可以采用这个点子。

很多年前，我有幸同弗兰·塔肯敦（Fran Tarkenton）合作，他之前是

美国国家足球联盟（NFL）的超级明星，后来下海做起了商人。我们共同为《创业者》杂志写了一篇文章：《你的管理系统你做主》(To Be Your Own Boss System for Entrepreneur)，并且一同上过两次电视导购节目。他萌生了一个主意——在机票的封套上出售广告位。

他火速同一家航空公司签下了合同，然而问题却来了：怎样才能够最好最快地联系到广告商？弗兰选择了他所想到的最为简单、廉价且快捷的方式：他在纽约城宾馆闭门数日，给那些潜在的广告商打电话。他的名望足以使他直接联系到高层的决策者，而其他营销者估计要想别的办法才办得到。不到一个星期，弗兰就凭借他新近发明的广告方式，同数家全国性的大型企业签下了价值数百万美元的合同，狠狠地赚了一笔。

这是大多数商家使用电话营销时应该采用的高端方法，除非他们采用的是这种方式：

终极营销的第十二个秘技：
先发邮件，后打电话

毫无例外，与直接的致邮有关的电话营销策略可以将先前邮件的成果再翻上一番！这一点在对现有的或者是仍保持联系的旧顾客进行电话营销时尤为可靠。大部分商家不会这么做，尽管他们有能力并且有理由采纳该策略。假设我们要联系已有的客户，通知他们有一项将要进行的促销或是特殊活动，那么，你就应该在发出邮件之后、活动开始之前的几天时间里安排员工给客户们分别打电话，确保他们收到了邮件，并向他们发出个人邀请，提一下在印刷出来的广告中所没有提及的礼品或促销活动。这些都会在极大程度上刺激对方作出回应。

在商家与商家的营销中，电话销售可以说是一个没有硝烟的安静战场。

终极营销的第七个成功要素：
行　动

电话速记体可简化成如下示例：

1. 表明自己身份

　　我是来自某某零配件公司的约翰·史密斯。

2. 致电原因

　　我打电话来是想为贵公司负责购买零配件产品的人员安排一下一个有用的免费礼品的运送事宜（对礼品进行说明）。或者是我打电话来是想就之前发给贵公司负责采办的人员的邮件进行进一步说明，好安排一下给他的免费礼物的运送事宜。

3. 确定决策者的身份

　　贵公司负责采办的是哪一位？

4. 联系到决策者

　　请问我可以同采办先生说几句话吗？三分钟就可以。

5. "得寸进尺"

　　比起留下我的姓名和联系方式，我觉得定一个由我来打回去的时间更为合适，我需要在两天内与他私下协商好运送礼品的事宜。（两选一的结果对话）。我在（某某点）或（某某点）打过来是不是方便呢？

6. 向决策者重复1和2的内容

　　你好，采办先生，我是来自某某公司的约翰·史密斯。鉴于本公司（某月）的新顾客促销政策，贵公司被选中，将获赠一份免费的礼品（叙述礼品为何物），只要贵公司确定（加上直接的结果：在本周内到店或是定下预约，等等）即可。我来电是想要为您安排运送礼品的事宜。

7. 陈述你的目的

　　我希望能够私下里给您送来礼品，并且用小小的行动来证明我们公司的诚意。您看明天早上或下午，您看您是否方便呢？

　　或者

　　我希望能够将署上您名字的礼品单独放起来，不过我得知道您何时会到来。明天早上或下午，您看您是否方便呢？

屁股不动，生意难成（YCDBSOYA）

　　我记得小的时候父亲有一对方形袖口纽带，上面有着几个醒目的金色字母：YCDBSOYA。这些字母代表着：

You Can't Do Business Sitting On Your Ass.

　　（屁股不动，生意难成。）

　　父亲后来将这对纽带送给了我，我时常戴在身上。三十多年来，我都信奉并践行着这一原则，奔走忙碌。即便是巨头企业的领导者也要奔走忙碌，比如说，唐纳德·特鲁普（Donald Trump），这个曾经和我一起上过节目的人，他每一天都在奔走忙碌。当我要给自己的新书作宣传时，我就会忙起来：去做电台和电视的访谈节目，去做签售活动和旅行研讨会（曾经四天里跑了四个城市），发布新闻，给具有影响力的中心人物送去促销的样书，打私人电话让别人来给我的新书造势，等等。我通常会在广告和营销上投入资金，但同时付出的也有我自己的精力。因为我要宣传的是一笔生意，而不是一本书。不过每月你都可以把自己的生意想象成是新书出版，而你就是书的作者，奔走起来是为了不让新书刚刚出版就无人问津，也是为了努力保证新书会有可观的销售量，从而不会被赶下书架。

数年前，有一家我很喜欢的餐馆，夏季萧条时期生意很差，岌岌可危。不过，经营者却没有为此振作起来走进社区，挨家挨户地发放优惠券或宣传单，或者拿起电话开始电话销售。总之，他们没有做任何有助于销售的事情。他们没有忙起来，而是毫无作为，自然就倒闭了。

就在那个夏天，同一个社区里来了一名准备开店的按摩师。而当时在这个社区已经有很多家按摩诊所，竞争可谓十分激烈。他在开业前花了整整一个月的时间挨家挨户地介绍自己，向住户咨询当地的情况以及他们的健康情况和个人喜好，并且同住户们交了朋友。在那个月里他拜访了两千多户居民。从他开业那天开始，他的诊所生意就源源不断。诊所开业第一年就比当地已有的按摩诊所的表现出色很多。

有这么三类人：一类成就事业的发生，一类旁观事业的发生，还有一类惊讶于事业的发生。我想你们已经发现了，你们所认识的最成功的商人往往都是第一类人。

自取传单箱和竞猜箱

无论是美妆和温泉休闲的会员卡，还是度假俱乐部或是信用卡，它们的推销都是通过商家事先准备好的抽奖箱和竞猜箱进行的。

这类箱子其实就是为了收集潜在客户的联系方式，从而方便以后通过邮件和电话来联系到他们。一个箱子的造价只需数美元，把它安放在繁忙的商业中心，每周都可以收集到数百条潜在客户的联系信息。几年来，我对一家零售店颇有兴趣，这家店的经理们会在周五晚上将竞猜箱放到室外自动取款机旁边，第二天晚上再去收回箱子。这样，就可以收集到数以百

计的联系信息，便于日后的进一步行动。银行或许不会赞成这一策略，但是我得告诉你，这招确实有效。

有这么几年，我向一家公司咨询如何推广家用防盗防火系统，他们给出的方法是让顾客们赢得免费晚餐，从而让他们聚集到当地的一家餐馆里参加产品报告会。这些人的签都是从放置在加油站、便利店、零售店、美容沙龙等地方（不像是上述打游击似地摆在自动取款机旁边那样，这是受到允许的）的竞猜箱里拿到的，每一个驻有销售代理的城镇都进行了这项活动。

如果我所做的生意可以通过邮件或电话进行有效的跟踪，那么我就会采用竞猜箱，雇上一名可靠而有野心的大学生，或者雇佣一名需要额外收入的退休工人说不定会更好。让他们放置好全部的竞猜箱，要求他们每一周或每两周开箱收集奖券信息，再根据收集到的签数，或者是通过这些信息所完成的预约数或吸引到的新客户的数目来给予他们额外的奖励。

在运用竞猜箱系统的时候，有一点很重要，那就是提供一份价值很高、很有吸引力的一等奖奖项并如实践行。在菲尼克斯，把较为凉爽的圣地亚哥的周末短途旅行作为一等奖是很有用的。不言而喻的是，每一个参与抽奖的人都会得到二等奖。

假设你想给一家意大利餐馆做宣传，特别是希望可以增加工作日的晚餐闲时客流量。那么，首先，你可以在非餐馆类的商家附近摆上十个竞猜箱，就以你的餐馆为中心辐射开来。接下来，每周都去收集全部箱子里的奖券。最后，由你本人或是别人给奖券上填写的地址发去邮件，内容如下：

感谢您参加圣地亚哥之旅的有奖竞猜活动。不幸的是，您并没有赢得一等奖，一等奖获得者是亚利桑那州的琼斯夫妇。不过您获得了二等奖：凭内附的获奖证明，您可以携带一名伴侣或是朋友来到位于十二大

终极营销的第七个成功要素：
行　动

街的意大利餐馆，享受第二餐免单的优惠。每周一到每周四的下午五点到七点半均可。凭此证，您只需支付第一餐的价格就可以免费享用第二餐（不可超过第一餐的价值）！随信还附上本餐馆的迷你菜单，让客户可以一览本餐馆物美价廉的各式菜品。

请于收到获奖证明的 21 天内来电预约并兑现获奖证明。

在你看来这样的策略很简单，没错，它就是很简单。但简单并不意味着没效果。尽管如今互联网联系着人们，且科技迅猛发展，可供选择的通讯工具层出不穷，但你仍然可以在社区海报栏上发现传单的影子，你仍然可以在咖啡馆里找到抽奖箱，只要你仔细观察，就能发现它们无处不在。有用的事物是永远不会被人遗忘的。

在你看来这样的策略耗时耗力且效率低下，这观点也没错，但是你花费了人工就意味着你不用再花钱。

合作的力量

有的时候合作过头了也是个问题。比如：委员会里的一群人可以把骆驼说成马。我也不是很热衷于团队工作，不过我的确相信有策略的合作。

终极营销的第十三个秘技：
为了营销胜利而共享财产

两名不存在竞争关系但在生意上又息息相关的商人——宠物店老板和兽医，餐厅老板和影院老板，体育用品店店主和健身房业主，汽车销售商和洗车行店主……他们可以共享客户群，甚至可以为对方打广告，促进对

方的生意发展，使自己的广告费物超所值。在最近的经济衰退期，互惠的客户群共享愈加流行。要始终牢记，这就是你的终极营销方案的一部分。简单地说来，就是两名合作起来的商人一年可以招揽到 1000 名新顾客，他们在每位顾客的身上花费 50 美元，也就是共计 5 万美元。他们开始共享客户群，就可以以一半的价格获得两倍的客户。如果这种简单的算术都不能让你增加收入的话，那我也无话可说了！

这种方式的合作也面临着共同的风险。在商业的世界里无非就是两种店：一种店门口是车水马龙、川流不息，另外一种就是门可罗雀、冷冷清清。前者往往会从后者的惨痛教训中受教，而且前者往往曾经是后者的模样。生意兴隆、客户稳定的商家就需要给顾客们提供更好的服务，并且需要在不付出更多工作时间的前提下从客户身上赚到更多的钱。他有可能不会意识到，他拥有的正是世界上最宝贵的财富：客户。而你是一名企业家，拥有着他的客户们所感兴趣及重视的产品、服务或生意。用直销的术语来说，他就是"寄主"，而你就是对他有利的"寄生虫"。

举一个简单的例子：一家干洗店有着 500 名经常光顾的优质客户。然而干洗店的服务能力已经接近饱和，除非增加设备、场地和人工，这家店将无法再接下更多的干洗工作。那么他怎么才能赚更多的钱呢？这 500 名客户的家中都有地毯，每两到三年都需要请一名优秀而可靠的地毯清洁工。干洗店老板无心再搞一个副业，而你，地毯清洁商，你就可以付钱给他，让他向他的客户介绍并推荐你的生意。这就是寄主 / 寄生虫式营销。

只要操作的正确，这类营销不存在风险。除非干洗店老板和地毯清洁商决定合伙开一家洗车行，并且把洗车行推荐给自己已有的顾客群。

在我这类主打信息产品和讲座的生意行当里，泰德·托马斯（Ted

终极营销的第七个成功要素：
行　动

Thomas）可谓是行家。他是我的朋友，有时候也会变成我的顾客，他是教授税款留置权、房地产和没收投资策略的专家。每年泰德通过销售自己的书籍、课程及讲座班来赚取数百万美元的收入，并且没有上限。这就意味着他从一开始就无须花钱投资在做广告或是发邮件之类吸引顾客的事情上，相反的，他花时间是为了寻找拥有客户群的寄主并与之建造起良好的工作关系。为了更简要明了地呈现出这一行为的力量，特将泰德建造的几次寄主/寄生虫式营销的净利润列出来，均为4～6周时间内的净利润：5.7万美元，1.5万美元，30万美元，还有，我的天啊，21万美元！

我在此列出泰德对于寄主/寄生虫式营销的几点关键性的想法：

- 做生意就是要花钱寻找顾客、吸引顾客。
- 你可以取消那些不划算的开销、风险和实验，你只需要给寄主花钱，成为他有用的寄生虫，利用他已有的客户群。
- 寄主及寄生虫要以寄主自身无法完成的方式来发掘客户群的利益。
- 开出的条件要以寄主的便利为主，不应让寄主有所操劳。因此，所有的营销信件、材料、网站材料、店内标示等都应该在交给寄主之前完成制作、测试、证实和装潢，寄主不需要再投入资金和时间来完善它们。你应当保证客户的需求得到满足，从而不会影响到寄主的声誉。
- 给寄主提供丰厚的报酬。我在此要强调，**不要**在这里抠门。想一想，要是靠你自己来争取客户，你得花多少钱！
- 一旦取得成功，要记得培养这种关系。这样你就可以再次利用谈一个寄主的方式进行相同或不同的宣传，并且可以拿这个寄主做例子来吸引其他潜在的寄主。

资源财力 VS 足智多谋

基本上所有的商人都曾经遇到过一次（大部分遭遇过多次）资金不足的问题，理由五花八门，反正就是没人躲得掉。缺乏资金是无法避免的，但缺乏智慧就是你的不是了。这是**性格**的问题，与金钱无关。

我要说的是这个事实：总有你可为之事。拿起电话开始拨打，翻身上马奔到野外，敲门拜访，找到一个寄主。动起来，忙起来！

在我的"离经叛道的致富方案"中，我强调过，富有的商人与不富有的商人区别之一就在于不富有的商人完全在收入的范围内经营，**而富有的商人不仅考虑收入，还会考虑财产价值**。不富有的商人只知道赚钱花钱，富有的商人除了赚钱以外还去投资，从而创造资产。

如果你要求一群商人把他们的财产列出来，他们会很快地写下诸如设备、家具、租赁改良以及库存清单。很少有人会把自己的客户给列出来。这种失误就能反映出他们在生意上遇到的问题。

在每一项非常成功的生意背后，客户都是被当作最重要的财产来理解和对待的。

想要真正地理解这一点并把它当作自己的信念，你首先要搞清楚你的客户是否对你有利。在本人所著的《不看没人性的资产负债表》一书中，对于那些你需要知道而你的会计却不加关注的数据进行了详细阐述，其中包括了很重要的顾客总价值（TCV）①。对于一门生意来说，最高最好也是最脆弱的财产就

---

① 顾客总价值（Total Customer Value）是指顾客为购买某一产品或服务所期望获得的一组利益，它主要包括产品价值、服务价值、人员价值和形象价值等。——译者注

是它的客户以及与客户的关系。想要保住这笔财富并使之增值是需要付出努力的，一味想着如何吸引新顾客却忽略了老顾客，这可就犯了致命的错误。

她特讨厌他滴溜溜乱转的眼睛

男人们会边说着"我是结婚了，又不是死了！"，边偷瞧别的女人。老婆们则在计谋怎么惩罚他们。我曾经看过一期《心理医生菲尔》(Dr.Phil)，一整期节目都是女人们在抱怨自己的老公/男朋友在和她们去吃饭、去酒吧或者去参加派对的时候盯着别的小妞看，更糟糕的是他们甚至还会和别人调情。在《百万富翁相亲会》(Millionaire Matchmaker)（这个节目比《心理医生菲尔》还要无聊）上也有一位女士，在参加过第一次安排好的相亲之后抱怨了同样的事情。这也是我和我第一位前妻的最后一次争吵的主题。她离开我的前一天晚上，我们在酒吧发生了争执，吵到最后就离婚了。所以说，你可以想象一下，你的老客户看到你把他抛之脑后，热情地去追求新客户，他们会是什么样的感觉呢？太傻了。如果他们在报纸上、优惠券网上和收音机里得知了你的广告信息，却意识到这不是由你通知给他们个人的。一般说来，这都会让他们不太高兴。梅丽莎·沃德（Melissa Ward）在《目标营销市场》(Target Marketing Magazine)这本杂志上发表过一篇文章，标题起得极妙：《温故而得新》(RETENTION IS THE NEW ACQUISITION)。摘录如下："传统的营销漏斗是过时而又失去平衡的，它已经损坏了，却仍张着大口，吞下了许多，有时候甚至不符合要求的顾客，最终却未能挽留多少顾客。"她大力宣传了《反转漏斗》(Flip the Funnel)一书，作者在书中写道："在这个关注于追求收获的世界里，我们不遗余力地争取陌生人来体验我们的产品和服务，却忽略了那些成为我们生意基石的人们。就好像是吃饭的时候拿反了切肉排的刀子，手里握的是刀刃。结果你不仅吃不到肉，还会被送到急救室里去。"

（想要获取书中更多内容请登录网址 www.FlipTheFunnelNow.com）

这里有一则新经济时代未经证实的报道：以前新的顾客购买像搅乳桶和咖啡豆烘烤器之类的家电，都希望越大越好，企业投其所好赚了很多钱，而现在这些企业正经历着命运的逆转，因为这些机器消耗的燃料变得越来越昂贵。让这种经营模式继续下去，成本愈来愈高，令人无法接受。别漏掉了作者在这本书里的一个观点：现有客户（而不是新客户）构成了销售的基础。无论是哪一种行业，靠吸引一次性的顾客而获利的不可持续性时代已经终结，曾经有过的类似想法早已阻碍了企业的发展。想要收买新客户，就要努力留住他们，并且充分地利用他们。

以下是企业家们流失客户的原因：

- **1% 的客户死亡**。对此我们做不了什么，这是不可抗拒的。
- **3% 的客户搬家离去**。好吧，人一辈子不可能只住在一个地方。如果他们搬到比较远的地方，已经离开了本地商业圈，我们也是无能为力的，除非你的生意在网上也可以进行。阿兰·里德（Alan Reed）的奶制品拥有三千多名本地的客户，不过他也向全国各地的人们供应冰淇淋。在俄亥俄州的克利夫兰市（我在那儿有套房子）有不少聪明绝顶的房地产商人，他们同时拥有佛罗里达州的营业执照，在这两个地方都做生意。因为许多克利夫兰市的市民会在佛罗里达州再买一套住宅，等他们退休后就搬过去，最后售出在俄亥俄州的旧房子。
- **5% 的客户听从了亲友的建议而投向亲友所中意的商家**。你也许会说这事我也没办法，但是我可不这么想。为什么我们会把客户输给竞争对手呢？为什么不是我们从客户那儿争取来他们的朋友呢？狭路相逢勇者胜，不是吗？
- **9% 的客户转向了更加价廉质优的产品**。这些客户中有些是无法挽回的，然而有些却是可以留下来的。我们为何不生产最好的产品呢？或者说，我们为何不让自己的客户认为我们的产品是最棒的呢？
- **14% 的客户因对产品或服务不满而离开**。事实上，你不可能让所有

终极营销的第八个成功要素：
财产价值

的人都满意。因此，有些人也是无法挽回的。的确有不少商家因为这类原因流失了客户，意识到这点却没有作为，就像之前提到的服装店。难以置信的是，他们就这样不战而败。

- 但是，把上面的全部加起来也不过是流失了32%的客户。那么大多数的客户是因为什么离开的呢？你能猜到吗？68%的客户之所以离开，是因为他们认为该商家或是某店员**态度冷淡**。也就是说，他们觉得自己不被欣赏、不被重视，对商家来说似乎就是理所应当的存在。这可不是我的理论，要记住，这是顾客说的原话。

忽视和疏忽

"疏忽"在字典里的定义是"没有给予应有的注意"。如果在店里有客人因为没铺好的地板而滑倒摔了一跤，那么你就有可能因为你的疏忽而被告上法庭。要是对店面给予过应有的注意的话，这种伤害就不会发生。对客户的疏忽往往不是可见的，而且你一般也不会因此被告上一状，除非你成心想把自己搞破产。但看不见的东西并不意味着它不存在。"忽视"作为一个名词，字典里给的定义是"不关心、不在乎的样子"。在营销中，感知就等于现实；客户认为是什么，那就是什么。客户要是觉得自己不被关心，那么就是没有受到关心，这就是忽视。没有做到让客户百分百地感受到自己受尊敬、被关注，那就是在犯忽视的罪，最终会受到惩罚的。

你是如何犯了忽视的罪名的？

列举几条如下：

- 大力向新顾客提供优惠政策，给他们VIP的资格（好有借口接近客户）等，却没有向已有的客户提供同样或者更好的政策。
- 为了吸引新客户的网站总是经常更新，把页面设计得花里胡哨，而

那些为老客户服务的网站却少有人问津。

- 让你最好的广告文案撰写人（你自己、公司专用的员工或是雇来的写手）负责招徕新顾客的宣传，却让秘书的助理在去星巴克买咖啡、带着公司宠物蜥蜴溜达和为你拿干洗衣物的间隙时间里给老客户们发邮件。

- 过于重数量而忽视质量，看中百分比而不是（相对而言被忽视了的）客户价值。

- 在吸引新客户和保留老客户上的投资比例相当失衡。比如，愿意出钱开办商业区的顾客展销会或企业对企业的展销会，却不愿意出钱开办一个高档的感恩顾客活动。

- 总是想当然地把你所有的、你想销售的、你认为顾客想要或是应该需要的东西强加给顾客，而不是倾听他们的心理需求。

- 与老客户之间的沟通变得无聊乏味，给常客带去不快，却花大力气为新客户提供最好的体验。

请下个定义吧！

给不熟悉直邮营销术语的人的小贴士：**获得客户**是指为了吸引和获得顾客所采取的任何活动。**漏斗营销**是一种有组织的营销过程统营销活动，即先找到潜在客户，然后将其转化为购买者，再将其发展为客户，进行其他的产品销售。**保留客户**广义上是指为了留住客户而做的活动。它通常可以从星期数、月数、年数或访问次数等简单因素来衡量，还可以从诸如交易规模、交易总额、累积开销、购买频次、购买量上升、参照生产力等留存客户的相对价值这些更为复杂的营销因素来衡量。如果你不清楚获得和保留客户的最重要的计量方法，请参考《不看没人性的资产负债表》一书的第四十二和四十三两章。

终极营销的第十四个秘技：
让客户感到自己受到重视、感激和尊敬

感激的态度

我认为让客户感觉到自己受到重视、感激和尊敬的服务不应该只开始于政策或程序，而是开始于一种感激的态度。我们很容易在工作中遇到麻烦，在事业中遇到问题（最成功的企业也不能避免这些情况）；很容易忘记有机会开展自己的事业、能够支配自己的收入、参加那些有趣又有价值的活动；很容易忘记支持自己的固定客户。我常常会下意识地回想起这些事情，尤其是在糟糕透顶的日子里。当我作为一名年收入七位数、受人信任的营销和企业顾问、作家兼演讲家来工作的时候，我总会想象自己其实毫不具备学术性和专业性，工作起来就像是快餐店的小店员，戴着顶纸帽子问客人："薯条加上点那个怎么样？"我在去赛马场看我寄养在那儿的赛马的路上，顺道去了一下便利店，看着那憔悴又疲惫的售货员，我心里想着："要不是因为我信念坚定、有雄心有毅力、善于主动争取，再加上我的那些客户，我现在可能也在那里工作了。"

当有人付给我们钱，购买我们的专业服务、想法或产品时，当有人来光顾我们的店铺、阅读我们的商品目录、登录我们的网站时，他们就是在一系列选择当中选中了我们，成为我下一本书的热情读者、我下一个讲座的热心听众。他们把自己的兴趣、金钱给了我们，于众多选择中选了我们的那份忠诚。许多人的钱都来之不易，他们把这些钱交给了我们，就意味着他们必须迟些时候才能买到（或者根本不会再买）其他想要的、需要的东西。你应该这样人性化地去审视你的客户们，而不是紧紧把他们视作数字、数据或是账目。怀着感恩的心看待每一位顾客以及他们的每一次惠顾，不要觉得自己有权利受到光临，不要想当然地以为他们会一直惠顾下去。

有一次，我在一个医生的办公室里，听见他问接待员："今天来了多

少个看病的?"这不算罕见。我还听见过顾客被称作"家伙们"、"几号"甚至是"傻瓜",或者直接用数字代替。我还见过店主和经理当着全体工作人员的面大肆指责顾客有多差劲!这种态度一定会转化为行动,因为所有的态度都会转化成行动。

尽管我说得简单,但从客户身上获取最大价值始于认识到他们的重要性,然后将这种态度转变为行动,找到合适的方法,将这简单的感恩之情以个人的方式毫无保留地传达给你的客户可不容易。这会是你的终极营销方案的组成部分之一。

感恩客户的活动

微小的感恩之情未必没作用,但其效果肯定比不过定期举行的大型感恩客户的活动。开办这种活动除了可以向客户们表达感激之情以外,还能让客户们很自然地把家人、朋友和邻居介绍到你的生意圈里来。

为了亲身体验一次成功的感恩顾客活动,我前往爱达荷州,拜访了身为格雷泽-肯尼迪内幕圈成员的阿兰·里德。有这样一个最初是记录在《不看资金负债表,完胜直邮营销》一书中的小故事:

> 我到了爱达荷州的福尔斯市,来到钻石级成员阿兰·里德的奶制品工厂,那儿养了两百多头奶牛以供产奶。为了挤奶,工作人员需要执行两班倒,每天可产奶上千加仑;还有一个加工工厂用来加工牛奶、奶酪,还有就是最出名的冰淇淋;他们有自己的店铺,有一支为2,800个家庭(几年前还只是三百多家)服务的送奶车队,还有批发商,比如当地的超市。当时,我带了一队录影人员来记录他们每年一次的家庭日。在那一天,客户以及亲朋好友都会被邀请过来,参观农场和作物,骑小马、乘坐马车,进行挤奶比赛、拔河比赛等各种游戏,还有免费的野炊、50美分一只的甜筒以及其他店内折扣。而这一年,尽管家庭日的前一晚风速

终极营销的第八个成功要素：
财产价值

达到每小时75英里，部分区域断电，加工厂的发动机受到损坏……仍有3000名左右的人赶来参加。你没看错，3000人。

在活动上，客户们的姓名、地址及电子邮箱会被记录下来，这就保证了送奶到家的服务。不过，更为重要的是向那些还不是客户的人们进行营销，在这个活动现场会做成上百笔交易，增加数百个入店消费的客人。不活跃的客户被重新激活了，新一代的客户就这样诞生了。

有许多人在这儿待几个小时是为了能够和孩子们、孙子孙女们或是爷爷奶奶、邻居们聚一聚，使用野餐场地。有些人家住得很近，还有些人驱车从百里以外赶过来，颇有赶会的气氛。如果你没在国内中西部或内部地区的小城镇居住过，也没有去过这些地区的集会，只是在网上看到过农场的图片，那么这种情景恐怕对你来说是完全陌生的，对我而言倒是再自然不过的了。

不管你住在何处，经营的是什么类型的生意，这种年度的（或定期的）感恩顾客活动都很值得一做，潜在的好处无穷。这也是我多年来教授的内容之一，我曾成功地指导一些商家开展起类似活动。佛罗里达州的一名脊椎按摩师（现已退休），多年来都坚持在位于湖畔的家中举办家庭日活动，每次来参加的人都超过2000名，从此他再也无需打广告。老客户带来的朋友、家庭日当天来的人都成为了他的新客户，还有后来联系到他的人，源源不断……每年大约增加三百多名新客户，平均价值是3000美元，那总价就是90万美元。做正确的事，举办那些能够让客户们把亲朋好友都带来的活动。这样一来，几乎每一个立足于本地的商家都可以复制这一年度性的活动，从而给自己招揽新顾客。我知道进行这类活动的有一家保险公司、一所武术学校，还有一家书店。注意：别办得太掉价了，也不要把活动弄得跟摆地摊似的，过于商业化。

成功的重要因素就是"社区"，这也是人们想要的。当然了，像爱达荷州福尔斯市，人情关系千丝万缕。人们在此扎根，祖传几代的生意和农场都很常见，孩子们去外面念大学，最后还会回来过日子、成家立业，很多活动都是以家庭、教堂和社区为中心展开的，阿兰的活动也不例外，只是范围更为广阔罢了。这种活动就和社区里固有的聚会、集会（忆苦

思甜日、苹果节、小市集）一样，都是为社区人们的团聚而服务的。不过里德的确付出了相当的心血，让自己的客户成为一个成熟而独特的社区的一部分。如果你的客户对你没有归属感和认同感，那么我认为你失败了。出席你举办的大型活动的人数统计就是最好的证明。社交网络倒是可以起到促进作用（尽管里德的奶制品公司没有使用社交网络），不过仅凭借社交网络是远远不够的，况且它也不能成为替代品。

大部分企业都是交易型的：他们卖东西给顾客，顾客从他们这儿买来东西。其中的一些企业妄图给顾客制订一些规则，或者通过产品质量、售后服务和其他一些死板的方法，如忠诚度奖励方案或与本公司解除客户关系后会遇到的烦恼事，去培育界定为保留客户或者惠顾频率的忠诚度。这本身并没有错，但是你要明白，这对于属于一个社区的人们来说是远远不够的。在我长大的小镇子里，即使你不需要加油，也会在加油站停一停，跟待在加油站的人喝上一杯咖啡、聊一会儿天，不管他们是来加油的、来修车的，还是只是路过打个招呼的。它不仅仅是一座加油站，而是社区社交的一个场所。出于同样的原因，每家药店和小商店都放着苏打水水箱和午餐柜台，五金店的门廊下放着摇椅，到了冬天则会在炉子旁摆上椅子，现在还有一些小城镇的居民保留着这个习惯（在美剧《绿色田野》（Green Acres）中也有所体现）。星巴克的第三方概念就是返璞归真的体现。企业不再拘泥于产品和交易，而更看重人际关系和社区社交。在如今经济不景气的时候是否能够保持住生意兴隆，关键很可能就在于能否让客户对社区产生归属感。

如果你觉得你的生意做得很大、很国际化，那么，还是三思吧。我们先看一下数据，你会发现二八定律会派上用场，即你那些重要的数据会严重缩水。相对于销售、利润和/或顾客总价值八成的两成，其中只有两成的两成起着重要作用。再大的公司说到底也就是那么一点数字。大公司也是靠着那么一定的数字维系与发展。他们常喜欢与顾客群发生关系，而且他们创造了自己的客户群。

想看到更多有关本人在里德奶制品公司家庭日之旅的照片、视频以及评论，想更加了解阿兰伟大的营销策略，敬请登录 www.ReedsDairy.com。也可以登录 www.ReedsIceCream.com，关注阿兰与我正在发展的邮购式冰淇淋业务。

终极营销的第八个成功要素：
财产价值

里德奶制品公司商品目录示例（1、2页）

里德奶制品公司商品目录示例（3、4页）

正式的奖励计划

对此你不会陌生。奖励计划最初见于航空公司，很快被银行、零售商等行业效仿。在那个时代，很多客户的钱包里塞的、钥匙扣上挂的都是商家给的卡片，以证明他们的会员身份。在商家－商家的模式中，商家会保留每笔消费的记录，以积分的形式回馈给客户。而有些大型企业和连锁店的奖励计划以"利"为中心，过于急功近利。我以为，这样的方式并不会对客户的选择起到什么积极影响，更别提能获得客户的忠心了。不过，对小商小贩和中型企业来说，他们除了与客户保有良好关系之外，再加上一些有吸引力的奖励计划，想必会极大地促进客户的消费频率，更好地保留客户群。

这方面的专家是罗利·法特（Rory Fatt），他是皇家奖励集团（Royalty Rewards）[①]的创始人之一，同时也是该公司的首席执行长官，也是和我有着长期合作关系的伙伴、我的朋友。该公司不仅为各类型企业提供一站到底的全包式服务，还会结合每月一次的促销及营销活动，一切都为您安排到位。该公司会为您设计并运行奖励计划。

让你团队中的每一位成员都成为客户大使——服务外交

想要在对客户的服务上拔得头筹（最好是在对客户的热情上），你的团队中的每一位成员都需要理解、接受并给予此第一位的优先权。

俗话说得好：客户永远是正确的。可是你一旦做起了生意，很快就会发现这句话错得彻头彻尾。尽管只是很少数（谢天谢地，只是少数），但就是有那

[①] 皇家奖励集团为餐饮企业提供了一种全方位的自动营销方案，现在这一方案已经扩大到其他诸如汽车维修和零售等领域。——译者注

终极营销的第八个成功要素：
财产价值

么些不可理喻的客户，永远那么难以取悦。奉行"客户永远是正确的"这一原则，在你行动之前就已经注定了你要失败。你和你的团队都不可能达到这种完美的境界。就算你有可能做到，我也不好说你该不该这样做。时不时会有那么些你宁愿不要的客户出现。我就会偶尔地"终结"一下我的一些客户，我觉得我有正当理由去这么做，而且随后会有更好的资源来弥补这一空缺。

客户服务培训专家弗兰克·库珀（Frank Cooper）对此有更好、更精确的说法："客户就是你的衣食父母。"把这句话铭记于心，我们可以设计出一个真正可行的客户服务外交方案，而不是逼自己去强求那些得不到的客户。

外交无非就是复古的典雅风尚。如果你曾经参加过在大富翁豪宅、老式的乡村俱乐部或是大使馆里举办的相当正式的聚会，那么，你懂我的。沃尔特·迪斯尼坚持把自己的客户当作"客人"来看待，把客户比作客人，那么当他在接待客户的时候就把对方想象成是屈尊来到家里的贵宾，就很少会犯错误了。该理念在沃尔特死后仍植根于迪斯尼的企业文化中。

我建议你认清自己的客户服务外交方案，写下来教给员工，着手实行，并且在这个方案中加上以下几种关键的想法：

1. 像迎接重要嘉宾一样来迎接客户

也就是说，绝不要把客户的到来当成是打扰。前台话务员及迎客的门童必须要接受专业的教育，学习商务礼仪，并付诸实践。

你走进一家位于百货公司里的干洗店，站在那儿等着两个店员聊好天。很好，这就是一个反面教材，我打赌你肯定很烦。我有时候也会遇到这种售货员，他们一边给在远方聚会的朋友打电话，一边收银、给我买的东西打包，我觉得枪毙这样的人都不能算犯法。

2. 善于回答客户的疑问

家得宝是一家主营家具、建材以及DIY产品的大型仓储式商店，它早期取得成功以及得以迅速发展的原因就在于其员工拥有令人惊讶的帮助能

力和知识水平。他们的理念就是给予客户独资经营的老式五金店的服务、新式超级市场的环境以及超低的折扣价。这种早期的价值观如今是否正确,我留给你们去作出判断。不过,这的确是他们早期时候取得成功的重要因素。

你手下的每一个人,只要是客户会去咨询的人,一定要有见识、消息灵通、能说会道。即便不能够像个专家一样对店内产品和服务说得头头是道,那至少也应该在客户前来咨询的时候有话可说。

我在几年前曾经装扮成一名顾客,以某位客户的名义悄悄潜入某住宅小区里购物。我问了一名销售员这样的问题:"如果我今天给甲商品付了定金,可是又变了想法,想买乙商品,那么在付过定金的30天内我是不是可以换成乙商品呢?"他实在是不知道,尽管他理应知道这个问题的答案。当时是下午四点四十五,他无法向别人咨询,只有哑口无言。我要是一名真正的客户,恐怕这桩生意就完蛋了。(顺便一提,正确答案是"可以"。)

还有就是,你认为你的员工应该知道的事和他们实际上知道的事,你认为员工们对客户作出的回答和他们实际上给出的答案,可谓是有着天壤之别。你不去实地监督,不去给员工灌输知识和标准答案,那我保证,所谓的监督不只是白费金钱,还会削弱你的营销力度。有句话说得好:没有(自始至终的)调查就没有发言权。

3. 不要让你的原则吓跑客户

我都不记得我听过多少次类似的话了:"这就是我们的原则。"大部分情况下,我的回答是:"我也有原则。那就是听过你的原则之后,决定再也不在你家花哪怕一毛钱。"

当然了,做生意的一定要有自己的原则。我自己就是生意人,我深谙此道。不过你可得记住,能够随心所欲制定原则的人只有狱警,因为他的听众是跑不掉的。而你的客户有着最终的决定权,他可以把钱包收起来转身就走。把自己的原则搬出来说事儿,往往会成功地激怒顾客。

最好的原则就是尽一切可能去完成顾客的要求。我见过不少饭店,菜单上印着醒目的几个大字:"菜肴一经售出,不予退换。"假如去问服务员,他回答得倒也干脆利索:"一桌子菜不能分开付账。"他们的原则就是"要么吃,要么走"。不幸的是,的确有很多顾客选择了后者。

轻易不要让你自己或者你的员工为图一时便利而销毁原本很有效的销售活动或是客户外交。

4. 在适当的地方处理纠纷

千万别把自己和客户的矛盾进行现场直播。在店面里发火撒泼的顾客会给你带来意想不到的危害。尤其是现在网络如此发达,每个人都能公开表达自己的不满,而受众又十分广泛。往少的方面说,每个人都能把自己的抱怨倾诉给十来个或者更多的人,而这些人中就有着潜在的客户。这简直就是眼睁睁看着自己白花花的银子往外流。往多的方面说,你可能会被消费者协会之类的组织盯上,或者给告到检察院去,甚至还会有顾客,一冲动就拎把枪闯进店里,那你的损失可就大了。

必须要在适当的地方以适当的方式,一步步地处理顾客的不满和纠纷,我信奉的格言之一就是:你是想做个有理的人,还是想做个有钱的人?有时候谁对谁错并不那么重要,真正重要的是你在处理纠纷时带来的潜在的后果。

留得客户在,不怕没柴烧

我们在上文已经提到过,一家企业之所以失败,是因为企业家们只关注如何吸引新客户,甚至不惜动用一切资源,却舍不得花钱来留住老客户。我就是在努力让企业家们认识到保留住老客户就是市场营销的一大功能,是利益的源泉所在。不开窍的公司和企业将花在已有客户身上的每一分钱都当作是开支,却不知道这正是在投资。他们不知道的还有,他们所失去的每一个客户都意味着他们要在将来花费两倍的精力和时间来弥补——一方面是流

失客户所带来的损失，另一方面是吸引新客户来填补空缺所需的花费。

终极营销的大忌之四：
毫无作为，放任客户流失

就算你在留住客户的问题上下再多的功夫，做再多的努力，还是免不了有那么些莫名其妙消失了的客户。不过，有一些客户还是可以挽回的。挽回一个流失了的老客户要比重新争取一名新客户要划算得多。这么说来，似乎有些讽刺，流失了的老客户反而比新客户能为你提供更广阔的市场。

越早挽救越好。建立起能够记录下每个消费者活动情况的体系，一旦注意到某位客户有相当长的时间没啥动静，就给他寄去邮件，并附上优惠报价、打折券或免费小礼品等等。或者干脆打一通电话过去，问清楚他为什么这么久都不来购物。

不要轻言放弃。在第一时间进行挽救当然是最好的了，不过就算是久未联络的客户，也还是有可能重获他们的"芳心"的。在推销主打产品、新贵产品和有趣的活动的时候别把他们落下了。

提升客户总值的四种最佳方法

1. 增加平均订单量

饭店通常是在甜点、打包优惠以及其他产品上做动作的。工业营销类的则是给顾客更大分量的产品，从而扩大生产线。产品目录公司则会在顾客打电话下订单的时候多问一句"要不要看一下今天的特惠服务"。人们在浏览网页的时候也会经常看到促销广告，还有那些你可选择或是必须接受的在线客服聊天。客户信息直接就这样被送到销售员手上了。

2. 刺激再次消费

可以使用奖励、折扣、老客户俱乐部、跳楼价甩卖以及经常联系客户的方式刺激客户再次光顾。他们的每一笔开销，都会是你的利润。

3. 为已有的客户提供更多的产品和服务

已有的客户更加倾向于再次光顾。在我的《不看资产负债表，新经济时代自有财富魅力》一书中，我相当详细地阐述了本人提出的"迷你大企业"这一方法。我们已知在商务营销中最耗时耗力的活动就是保留客户，那么，如果我们不去追求更多的客户，而是去和已有的客户完成更多的生意，是不是事半功倍呢？地毯清洁公司同时也可以提供清洁通气管的服务；卖一些质量好的吸尘器和空气净化器。或者要么独资，要么同别家合作，推出游泳池清洁服务、修剪草坪服务、家庭除虫服务。这些都可以将每一位客户的价值发挥到极致。

4. 让你的老客户把他们的朋友、亲戚、邻居、商业合作伙伴、手下的员工都给你带过来，只要那些人可以成为你的新客户

一定要战略性地执行这项推荐式的活动。大部分商人都只满足于现状。关于此点，我们会在第九个成功要素中详细阐述。

终极营销的第十五个秘技：
为已有的客户提供新产品、新服务，
而不是为已有的产品和服务找新客户

终极财富方案

财产 = 产权，产权 = 财富。财产的质量与价值 = 产权的多少 = 财富的

多少、范围以及安全性。

因此，客户的质量与价值要比只想着做买卖重要得多。在你把本书中的概念和理论化为你自己的终极营销方案之前，你要保证你能够通过这个方案吸引到质量好、价值优的客户群，能够保持住这种健康的商家－客户关系。

琼·里弗斯是一名喜剧演员兼企业家，她曾经惠顾过我的公司。琼为格雷泽－肯尼迪内幕圈的成员写过东西，并且最近还在内幕圈的赚钱暨营销超级大会做过演讲。她曾经说过："爱上一个富有的人没多少难度。"同样的，想吸引到有想法、有价值的客户，要比拉到一个一时冲动的客户难得多。然而，大多数商人仍旧抱着"客不厌其多"的想法，丝毫没有考虑到他们招揽的客户也是他们财富的一部分。

这就强调了有选择性地招揽客户的重要性，而我们要说的也就是保留并提升客户的价值。将两者有效地结合起来，就可以为你的家族带来更多的利益。

关于财富这一话题，我要给自己的书《不看资产负债表，新经济时代自有财富魅力》打个广告。在本书中，我提出了28个财富吸金石，如营销战略、营销行为以及能够带来商机、合作伙伴、客户群和资金的商业实践。其中一点就是明确性。在明确性中，最关键的就是要有明确的目标。那问题就来了：你走到这一步是为了什么？是为了发展出一套自己的终极营销方案么？我希望你不要把眼光拘泥于"商品大卖"和"赚大钱"这样的字眼上。只要拥有明确的目标，就没有到不了的地方。为了维系住企业的力量和地位，为了在市场中占据一席之地，为了更多的财富，这套终极营销方案，你值得一试！

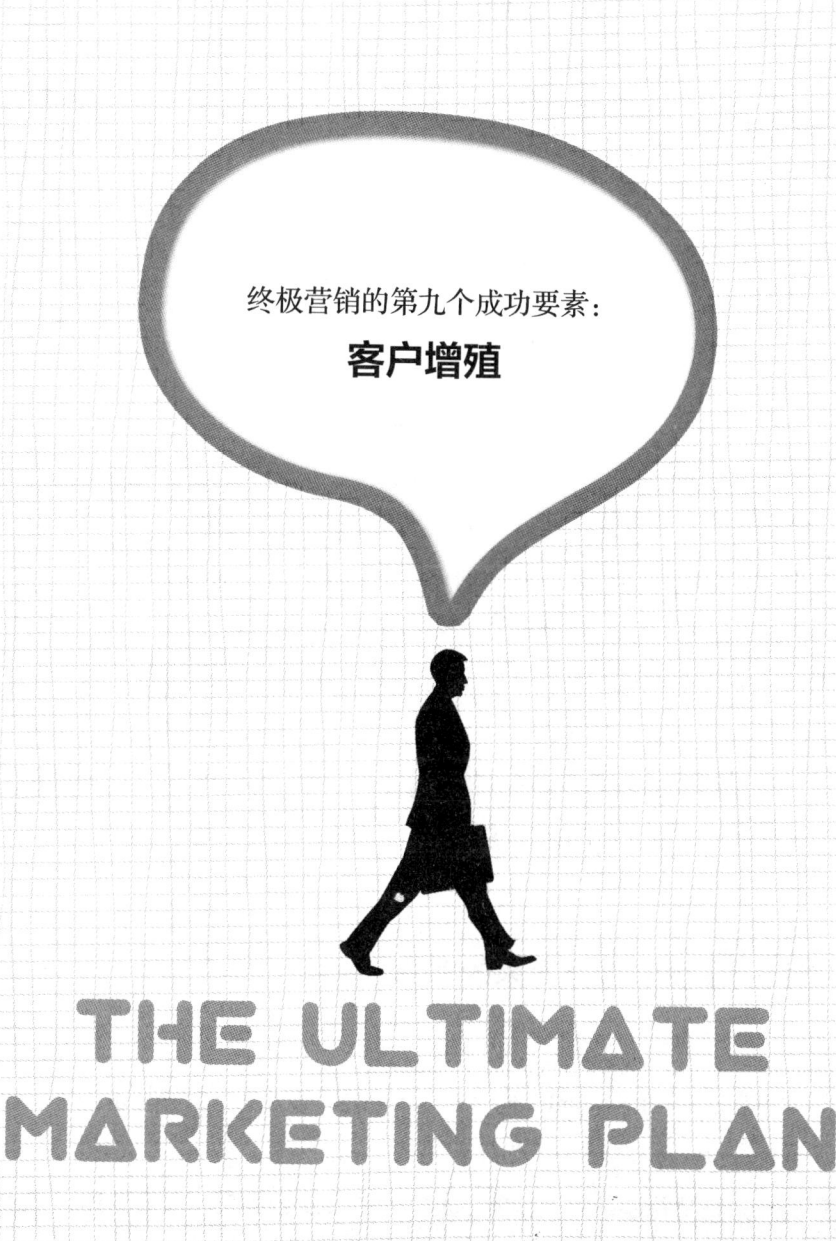

终极营销的第九个成功要素:
客户增殖

THE ULTIMATE MARKETING PLAN

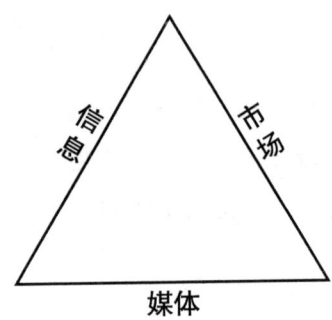

要是科技发达到可以自己克隆客户出来就好了!

我们首先必须明白,最好的新客户莫过于由一位满意的老客户介绍过来的。不管哪种行业,这都是板上钉钉的事实。被介绍过来的客户更加不挑剔,不会介意价格,更容易接受商家的服务,更容易做成买卖,也更容易被满足。

很多商家都把老客户带来的客人当作是不来白不来的客户,他们满心感激地接待这些客户,却没有积极一点,好让潜在的客户全部浮出水面。

你能接到多少名被推荐来的客户

乔·杰拉德(Joe Girard)是一名多次被载入《吉尼斯世界记录》(Guinness Book of World Records)的史上最棒营销员,他有一套"数字52法则",因为他观察到无论是婚礼还是葬礼,参加人数的平均数都是52。再看营销,他相信每位客户都为他推荐其他52名客户的可能性。就算我们打个对折,试问:你的企业可以做到每一个老客户都为你带来26个新客户么?估计不能够吧,顶多也就是平均一到三个而已。这就说明你还有上升的空间。

说到企业对企业的营销，数字又是另一回事了。我曾经做过一项调查，有些繁琐，但是我认为还是相当有启发的：我让来自不同公司的12名主管或企业主仔细看看自己的商务联系本，数一数有多少人是他们认识（或者是认识他们）的。结果平均是37人，也就是说，每一位客户都有能力向卖家推荐另外37个人。

想要得到更多的客户，现在就开始定下阶段性的目标，同时保证你有着靠谱的员工和客户群，以及靠谱的自己的内心。

谨记"EAR"公式，客户增殖不是梦

竖起耳朵听好了！我这就要告诉你，如何通过"EAR"公式来使你的新客户数量翻一番。

"E"意味着"争取（Earn）"

我们必须要争取新客户。沃尔特·迪斯尼说过："尽一切努力做到最好，让人们没办法不跟别人说起你。"

终极营销的第十六个秘技：
如客户所愿般优秀

如果说大量增加顾客数量有什么"秘密"的话，那就是，心满意足的客户不会带来很多的新客户，能够为你招揽新客户的人往往是那些充满热情或是喜出望外的客户。让客户得到他们应得的部分还远远不够。我在别的书里提到过顾客的"GE点"，也就是"满足点（Good-Enough Spot）"。顾

客的热情就来自于好上加好的服务，还有就是能够让他们惊喜地叫出来的商品。他们不只是期待该发生的事情，而是在一切发生了的时候乐于其中。

有这么一位牙医，他没有在广告上砸一分钱，就成功地在一年内将自己的业务量扩大了十倍。他主要为儿童服务，于是，在参加了一次讲座之后，他把诊所里需要改善的东西列了出来，足足有300条。举例如下：

- 他重新设计了自己的办公室，让矮个儿的朋友产生亲切的感觉。接待的人员被安排在柜台后面的矮凳子上，这样就可以和小病人们处在同一视线上了。
- 他在墙上悬挂了各位牙医及牙医助理的巨幅照片，并在旁边注上他们的兴趣爱好，这样新来的病人就可以参照照片来选择那些和自己有着共同爱好的牙医和助理了。
- 免费赠送自行车！每个小病人都会拿到一张"家庭监督汇报卡"，要求父母来填写。如果回馈回来的卡片上写的都是"A"，那么这个小朋友就可以得到一辆自行车。（想象一下下面情景：小约翰尼骑着新自行车满社区转悠，人们问他是谁给他买的新车，小约翰尼回答："我的牙医送给我的。"）
- 新来的病人在接受治疗的当天晚上都会在家接到他的电话，他打来电话关心一下病人的状况。他还会在孩子们接受治疗的第二天给孩子家长打去电话。
- 每一位新病人在第一次接受治疗之后都会得到牙医及牙医助理的一张8×10英寸的签名照片！

猜猜结果怎么样？无论是在后院烧烤聚会、开家长会，还是公司的午餐时间，最火的话题就是小约翰尼那奇怪的牙医！此处不要在意"奇怪"这个词的双重含义，我们要在意的是，凭借人们的口口相传，牙医就增加了十倍的业务量。

终极营销的第九个成功要素：
客户增殖

最为重要的是，这位牙医之所以赢得了这么多的客户，不是因为他高超的医术，而是因为他好上加好的服务。做生意就要敢于赌一把，而人们的预期要求只是小学的一笔赌注罢了。

"A"意味着"请求（Ask）"

令我吃惊的是，有这么多的商人、销售员乃至专业人士都羞于开口要求别人为自己推荐新客户过来。我认为对新客户的要求乃是天赋人权。

下面列举三种请求推荐的好方法：

1. 表达出自己的期待

在医生的诊所里往往能看到墙上挂着牌子，上面列出本月内推荐过新客户的病人名单。牌子上写的是要让每一个人都看到的："我们的患者推荐的新客户——诚心希望您也参与推荐"。这方法很有用，各行各业都可以效仿此法。推荐了新客户的老客户不需要低调，应该让他们的身影随处可见，给人们一种"推荐别人过来是再正常不过的事情了"的感觉，很快你的老客户们就会被成功"洗脑"了。

2. 设立推荐奖

给老客户发一些卡片啊，优惠券啊，或者可以拿来换礼物及折扣的兑奖券之类的东西，老客户可以在背面签上自己的名字，就像签支票一样，再把这些东西分发给朋友和同事。为在固定时期内带来最多推荐客户的人设立奖项。

3. 举办相关活动

我认识一个保险推销商，他在每年过生日的时候都会举办一个大型的生日派对，届时会邀请他的全部客户，并且还请他们把自己的朋友也带过来狂欢。生日派对是在一个大帐篷里举行的，有现场的娱乐活动，有自助

餐桌，有饮料，有混在人群里的魔术师，有肚皮舞女郎，等等。每年都有上百人带着数百名友人赶来参加聚会，而寿星则与数百名潜在的客户成为了朋友。

"R"意味着"奖赏（RECOGNIZE）"和"报答（REWARD）"

有一个很有名的小故事：一天，有一个年轻人划着小船到湖中心，打算轻轻松松地钓一天鱼。这时游来了一条大青蛇，嘴里叼着一只青蛙。年轻人可怜那只青蛙，就拿起船桨打了青蛇，蛇把青蛙吐了出来，青蛙因此留了一条命——年轻人觉得自己救了青蛙，感觉很好。但是他同时也剥夺了青蛇的午餐，心里过意不去，可身边没带吃的，就让青蛇喝了一口他带来的威士忌。青蛇喝完酒，心满意足地游走了。不一会儿，青蛇又游了回来，嘴里叼了两只青蛙。

我们在奖励某种行为的同时也在鼓励这种行为的发生。亲子教育、人力管理以及对客户的"管理"都是对此理论的力证。当你的客户向你介绍一名新客户的时候，如果你是聪明人，你就应该高调地感激他，给他道谢电话，寄一张感谢卡片或是送一份礼物。

终极营销的第十七个秘技：
招揽一名"守护者"

在本书的其他章节里，我提到了我见过的最优秀的汽车销售员——比尔·格兰泽。他从没主动让我推荐客户给他，但是这家伙太棒了，过去的几年里，只要我给他推荐了客户，他都会郑重地感谢我。

我对于他来说，就是一名忠实的"守护者"，我守护着他的事业，我向身边的每一个人说起他的事情。你要是有这么几个有勇有谋的守护者的话，那么成功就近在眼前了。

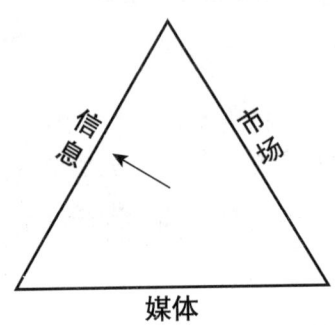

营销的高峰期对于任何商家来说都是无比重要的。在遭遇资金方面的问题时，最好的方法当然是"卖"出一条生路，而不是靠变卖财产或是四处借债。这并非难事，客户的口袋里有的是钱。下面就是我能想到的制造短时期的营销高峰的好办法。

打折有理，贱卖不怪

货仓积货过多、产品过时、反季促销……这些都是商家们拿来掀起销售热潮的噱头。不过，受众的疑心和偏见是不可小觑的。很多看起来很成功的营销手段却以失败告终，就是因为客户们觉得"这么便宜，说不定有陷阱呢"！

如果你要办一个火灾受损物品拍卖会的话，你得把烧焦了的木炭展示给客户们看。当你为客户提供优惠无比的省钱机会的时候，一定要给他们说你这么做的理由。这里有几条"好理由"：

- 本次活动仅限于本店的优质顾客，感谢您长久以来的支持。

终极营销的第十个成功要素：
制造短时期的营销高峰

- 本次特价仅限于新入店的顾客。
- 实话说本月销售额创了史上新低，我们不想炒员工的鱿鱼，特此决定特价展卖。
- 厂家直销，特大优惠，为您省钱。
- 没错，我们就是在用特价来"引诱"您体验一下本店的新产品（管它是什么新产品都行）。

最成功的"找借口"促销的例子可以说就是比尔·格雷泽的"水灾"促销广告。比尔是格雷泽-肯尼迪内幕圈的主席，最近在做广告以及营销方面的顾问和指导。在他事业的早期阶段，他经营着一家非常成功的男士服装店，这家男装店就成了他进行销售策略验证的实验田。后来这些成功的营销经验由他写入自己的畅销书《骇人广告的惊人成功》中。右图所示的广告是我最欣赏的。在这里，比尔不仅巧妙地把经典的火灾受损物资拍卖转变成为水灾，他还借鉴了拿破仑·希尔（Napoleon Hill）在《思考致富》

Example #1: Newspaper "Advertorial" Promotion

比尔·格雷泽的"水灾"促销广告

（Think and Grow Rich）一书中提出的企业家成功法则：每次灾难的背后都埋着机会的种子。在这个广告里藏着两条隐蔽的信息。其一，水灾的严重性有点被夸大。没关系，这是广告中诗一般的语言嘛。其二，广告费中有一半是由比尔提到的保险商资助的。这并不关键，关键是比尔意识到这是一个难得的大好机会，他相信可以凭此大赚一笔。

彩票大赢家

想把路过的漠不关心的顾客招揽到你的店里么？你的客户本周都光顾过了么？我收到过这么一封邮件，它的标题立即吸引住了我的眼球：

最后的最后——你就是彩票大赢家！

我不知道你们是个什么情况，我反正是一个不落地参加了那些可恶的杂志社（比如《读者文摘》）举办的抽奖活动。我每星期都买彩票，我都这样了，却还是像电影《幸运赌徒》（Let It Ride）[①]里说的一样："满大街都是幸运的机会，我偏偏能够避开所有的好运气。"这么多年了我还保持着零中奖的记录。从来没有人拿着气球、带着巨额支票敲过我家的门。这就是为什么这个标题成功吸引到我的原因。我把邮件读完了。如果你发给客户的邮件也以这个为标题的话，我相信每个客户都会读完的。

邮件里应该写些什么呢？这儿就有一个例子，此邮件来自我的好朋友盖里·赫伯特（Gary Halbert），他是新进的了不起的广告撰写人。

亲爱的贵客：

我写信来是想通知您，您在本店的抽奖活动幸运地赢得了大奖。

×××珠宝行向来是以物美价廉的钻石戒指及钻石耳环出名的。可是，您猜猜最近出了什么事？我们进货进到了一小批假钻石饰品，但是它们的制作工艺比较先进，完全能够鱼目混珠，这样才骗到了我！

不管怎样，我是不会把它们拿出去卖的，省得给镇上的珠宝鉴定师找麻烦。因此我决定把它们选送给你们，我亲爱的顾客。所有的人名都

[①] 《幸运赌徒》（Let it Ride）是美国派拉蒙影视公司拍摄的一部喜剧，描述了一个平时总是输钱的赌徒所经历的凡赌必赢的一天。——译者注

是由我的妻子随机挑选，并写在纸条上，放进罐子里抽选的。

而你，就是大赢家之一，你要做的就是在本周五下午五点之前光临本店领取奖品——一克拉的"钻石"，真假难辨，保证让你大跌眼镜！

你忠实的朋友，
约翰·琼斯

另，奖品只保留到周五下午5点，逾时不候。谢谢合作。

差不多就是这样，只要你稍作改变，保证你的店很快就会被挤得水泄不通。如果你正好有些新产品或者特价产品，就等着收钱吧。

红标签促销

"现在是清仓时间，周五一天我们都不会营业，而是在店内给尽可能多的产品贴上红标签，标签上即是该产品的史上最低价。数量有限，先到先得。红标签促销将在周六早上10点钟开始。红标签产品不予补货，来晚了的话就不大可能会买到了哦。"

这就是红标签促销的基本定位，零售业一年办上一两次就很不错了。

优惠券、双倍优惠券及支票

有许多人会只在特定的日期买报纸，为的就是报纸里附带的零售店、商家的优惠券。他们仔仔细细地看过那些附着优惠券的广告和夹页，手里

拿着剪子，脑子里则全是"买买买"。你大可以利用这一点，在那一天也登上一页优惠券广告。

如果是开鞋店的话，就可以在周日的广告夹页中附上这么一页优惠券：一张给男童鞋子，一张给女童鞋子，一张给男鞋，等等。

平均每个地区至少有一家超市有"双倍优惠券"的服务。在那一天，所有拿双倍优惠券来消费的顾客都可以得到双倍优惠；原本价值50美分的优惠券现在升值到了一美元。

如果你是商家，那么这方法值得一试。如果不是，还有其他的方法。比如说，在开始双倍优惠之前先通知所有的客户，给他们卡片或是凭证，届时可凭此兑换双倍优惠券。

我见过有家连锁快餐店，在它的竞争对手汉堡王大打优惠券战术的时候，他在自家店门口立了这么块牌子：

凡是持汉堡王优惠券入店的顾客可享受双倍优惠！

如果你打算通过寄邮件的方式给顾客通知特价销售的信息的话，你就可以随信附上一张仿真的支票，由你家的店发行，署名的地方印上客户的名字。这张支票只在你的店内有效。根据心理学，正常人一般不会随手把支票给丢掉。

小赠品，大不同

找到几样惹人喜欢、别出心裁的赠品，你就可以凭借这份"免费礼物"掀起一股销售旋风啦。

"购物即有好礼相送"这一概念最初是由雅诗兰黛化妆品公司（Estée Lauder）提出的。现在的化妆品行业依旧沿袭此法。走进商店里，化妆品柜台的所有品牌的产品都是附送赠品的。男装销售业里常见的是折扣，比

终极营销的第十个成功要素：
制造短时期的营销高峰

尔·格雷泽却常常带动他名下的男装店用赠品来替代折扣。这样一来，一方面可以减少打折带来的利润损失，另一方面还可以带动更多的促销活动。电视机和数码产品往往是很不错的赠品选择，尤其是在圣诞节前后。对汽车零售商来说，拿周末逍遥游套餐做赠品是很不错的选择。不过，我见过最有意思的赠品是买一部劳斯莱斯送一部福特的野马敞篷跑车。在清仓大拍卖的商品工厂可以买到很不错的廉价商品拿来做赠品。这类工厂往往都有自己的商品展销会、厂报和商品目录公司。

我有很多客户是做销售的，比如财务顾问、保险销售员、房地产经纪人、企业－企业营销专家。他们为了直接接触到决策者也会使用赠品的方法。数年前，一个想向牙医销售软件系统的营销代表在我的鼓励下，寄出了附有赠品的信件——只要看完20分钟的系统演示就可以获得高达六英尺的巨型牙刷。果不其然，有九成的客户都答应了他的预约，并且都是他们主动打电话给他！

我常建议商家不要把自己的商品当作赠品送出去。这样有可能会在不知不觉中使你的产品掉价，而且它未必会更有吸引力，毕竟再多也都是一样的东西。这样的成本比从批发商那儿批发商品做赠品要高得多。如果你打算经常使用"预约有礼"或"购物有礼"这一招的话，最好还是多和几家批发商搞好关系。

有些情况你甚至不用花钱，就能找到诱人的赠品。某位名下有着几家高端珠宝店的商人从当地的一家餐厅那儿拿到了一批价值100美元的礼品券。只要在珠宝店内购买指定的珠宝产品，就可以免费获赠礼品券。反过来，这家餐厅也因此提升了自身在客户心目中的档次定位。

赠品的确能够促进销售。他们不仅可以让不主动的客户不再躲躲闪闪，还能够刺激客户提前消费。这样一来，它们创造的不只是利润，更是带来了战略性的影响，改变了客户的行为。

我常常给格雷泽－肯尼迪内幕圈写一些软文来给即将举行的重大会议造势，每年都有不少会员赶过来参加会议，不过最重要的还是希望他们能够尽早地登记注册。比如，在会议举办的数月前就可以开始登记。

这样一来，举办会议的预算就可以根据与会人数的实际情况来进行，而不是凭借猜测，避免不必要的花费。与会人员中有不少是所有的活动都不落、每次会议必到的"铁杆粉丝"。想要让这些老会员激情不减当年，我的办法就是不停地给他们提供新鲜的赠品和福利。这些年来，我都挺幸运的，能够拿着赞助的钱举办会议后的福利日。福利日以一个特殊的话题为主题，会员会在私下收到邀请，参加这个活动即有机会和名人合影，参与各种竞赛以及最近推出的与每次研讨会主题都一致的"切实可行的方案"。当然这并不是说我放弃了那些不太值钱但是很有意思的小玩意，比如纪念版的文化衫，或者是丹·肯尼迪版的大脑袋玩偶。

"我的会计觉得我疯了"式销售

　　有时候幽默感在营销中是很有用处的。在为自己的邮购式公司做宣传的时候我就使用过，并且也见过不少零售商和服务商把幽默感使用得出神入化。

　　写一封诙谐幽默的信，抱怨你那个会计，他专制霸道、蛮横无理，简直就像都铎时期的暴君一样随时随刻差遣你，还会像老鹰一样盯住你……不过现在他出去度假了，你就打算趁他不在，做一点疯狂的事情，来个史上未从有过的优惠大特价……

与体育活动相关的促销

　　美国人热爱体育运动，许多人都一心念着自己心爱的体育项目，因此在其中植入促销宣传是十分有用的。多年来，我在对自己的邮购式公司的促销活动中都为贵宾级客户提供了"三合一"的促销服务，也就是买一送二。这其实和打六七折差不多，不过听起来可要划算得多。我把整场促销活动都和棒球挂上了钩,往往是在早春或者是和世界职业棒球大赛同时进行,内容包括棒球卡和棒球贴画等。**这真是三赢的策略**,足足可以吸引到70%的客户。

以旧换新

以旧换新的促销在汽车销售业内可谓是司空见惯的事情。另外,缝纫机、吸尘器和汽车电池的促销都可以采用这一方法。以旧换新的促销方式并不拘泥于此,还有许多行业可以采用此法,比如办公用品、电视机、音响、电子产品乃至服装销售,而收到的旧货可以捐献给慈善机构。一家向外出售会员卡的温泉浴场则可以接受二手的健身器材。

分期付款条款

该花在成本上的钱都已经花了,为什么不再多花一些让利润来得更快呢?比如说一件你要特卖的商品,成本是100美元,你大可以为客户制定这样的条款:首付100美元,接下来的四个月内每月支付50美元即可,不收取利息及保管费。让他们把信用卡、借记卡、储蓄卡什么的账号报给你,签下一份小小的协议,这样你就可以每月自动从他们的卡里提出一笔钱款了。

你也可以把这种方法变通一下,比如只要购物总额达到500美元,即可分期付款全额的三分之二。

从"冬眠"的客户口袋里掏钱

做生意的人都会发现,有不少客户,他们打过咨询电话、登录过网站,

甚至还按照预约来到店里,但是他们什么都没有买。对这样的客户,店家很少挽留。有时候这样的客户身上可是隐藏着无限商机的。尤其是他们要购买的产品或服务很容易因为时间或金钱的影响而被拖延。时不时地做一些促销活动可以刺激冬眠客户,还可以招来更多的新客户,从而弥补冬眠客户带来的损失。只不过,有时候结果往往会出乎你的意料。下面就是一个例子,每投资一美元就可从中收获 20 ~ 80 美元的利润,屡试不爽。

绝世好例子!

布莱恩·伯格医生(Dr. Brian Bergh)是一名牙齿矫正师,同时也是格雷泽 – 肯尼迪内幕圈的活跃分子。他在过去四年间采用的一直都是三步走的直邮活动,从来没有失败过。

伯格医生将这类三步走的邮件发给那些之前向他咨询过牙齿矫正情况却迟迟未来接受治疗的病人。这种活动就是从伯格的儿子伯雷(Bryley)的生日礼物基金中挪出来一小笔钱,用作给客户的治疗费用的折扣。随着伯雷长大,每一年的费用都会有轻微的浮动,不过仍然是按照一定的百分比充到客户的治疗费用中的。

三步走的第一步是以伯雷的名义寄出一封信件,告诉病人或者小病人的家长们,他决定在自己生日的那个月里给爸爸的病人送上一份礼物。在信的结尾他提到了他的两只宠物小狗,"雷克斯"和"小调皮",作为第二封信的伏笔。

而第二封信就来自这两只小狗,"雷克斯"和"小调皮",它们在好奇为什么病人还不来。信里假设病人是被别的事情分散了精力,鼓励病人赶快在截止日期到来之前赶到诊所。

第三封信是两只狗狗之后的其中一只"寄出"的,病人久久未来,它们以为病人迷路了。"小调皮"让哥哥"雷克斯"去找别人,结果哥哥也迷路了。实在不行,"小调皮"就只有去找它的朋友,一只圣伯纳犬,让它来帮忙。

前两封信都是用彩色的信封装着的,地址是手写的,并且只有回信地址而没有具体姓名。第三封信则是由棕色的纸袋子装着的,里面还装了两

终极营销的第十个成功要素:
制造短时期的营销高峰

小袋狗粮,好让客人凭借这个换取额外的优惠。所有的信都是印在好玩的信纸上,以配合这欢快的气氛。

小孩子和小动物对很多人来说都是很具吸引力的,伯格医生利用了这一点,既联系到了他的客户,又不会让人们感到厌烦。

然而,对于这种信件,任何人都会回复,就算那些待在专业办公室中的人士也不例外。

Hi mister or misses,

My name is Bryley and my daddy is Dr. Bersh. He told me you came in to see him to talk about crooked teeth, but haven't done anything about it yet. My daddy says you wanted to think about getting a beautiful smile and have not decided if you want that or not.

Well, my birthday is March 23rd and I'll be six years old. I'm looking forward to taking my friend Zane to go bowling (I also want a Nintendo DS like my sister, Kaigan, has).

I told my daddy that I wanted to celebrate my 6th birthday with all his friends at his office. I thought a good way to celebrate was to have my daddy give you a present from me.

So during the month of March, my daddy will take $200 off your treatment. But since my birthday is in March, he won't be able to continue this special deal past March 31st.

Be sure to call my daddy at (818) 242-1173 today to set your present from me. Just mention my name, Bryley, for your $200 price reduction. You'll be glad you did, and so will I.

Sincerely yours,

Bryley Bersh

PS. Here are my two dogs Rex and Scamp. They were born the day after Christmas and are very fun to play with. Oh yeah, my big sister Kaigan was also born the day after Christmas.

伯格医生的例子:第一封信

Woof, woof;

Rex and Scamp Bergh here. We were out playing with Bryley this past weekend; he was throwing the ball for us and boy do we like to play fetch. He'd throw it and we'd run as fast as we could to get it, trying to beat each other there. Oh sorry, we just got sidetracked like we always do.

Anyway, Bryley mentioned that you hadn't called his daddy, Dr. Bergh (our great-master) for your *birthday bash discount* of $200. Bryley told us how important a beautiful and healthy smile is to you and we just can't figure out why you haven't called.

All we can figure is that you got sidetracked (like we often do) with your daily chores, work, projects, etc. We want to be sure you get the smile of your dreams, because as you know, there aren't many things more important than feeling good about yourself and being able to smile and laugh without any concerns.

Our master, Bryley, loves to smile and laugh. He also loves making people happy. We think he wants to be a clown, although he's talking about being an orthodontist just like his daddy and grand-daddy.

Be sure to call our great-master Dr. Bergh at (818) 242-1173 today to start your orthodontic treatment and receive your $200 Bryley's birthday bash discount. The deadline for this deal is quickly approaching. Bryley's birthday is March 23rd and the discount will only be good until March 31st.

Gotta go, Bryley's throwing the ball for us again. Call Dr. Bergh today at (818) 242-1173 and claim your Bryley's Birthday Bash present.

Rex and Scamp

P.S. Don't tell our great-master Dr. Bergh, but if you bring in a treat for us, Rex and Scamp, we'll make sure you get an *additional $50 off*, for a total fee reduction of $250. Just mention us, Rex and Scamp, for your gift.

伯格医生的例子：第二封信

Woof, woof…..woof….woof, wooooooooof,

This is Scamp and I'm really, really worried; I haven't slept for days. My great-master, Dr. Bergh, hasn't heard from you yet, and I'm worried you're lost in the Swiss Alps or someplace really far away.

I sent Rex (he's bigger than me) to look for you and now he's lost, too. I've notified Pongo and Sargeant Tibbs to start looking everywhere. I hope you're not being held hostage at Cruella DeVille's scary mansion by Horace and Jasper.

I'm going to call my friend, Bernie, the St. Bernard, right now and have him search high and low for you.

I'm also sending this first aid kit so in case you got hurt, you can fix yourself up. By the way, my great-master, Dr. Bergh, is an expert in fixing crooked and mal-aligned teeth. He knows how important it is to you to have the smile of your dreams and wants to help in any way he can.

We're still planning to celebrate Bryley's birthday on March 23rd and it won't be the same without you. Bryley's daddy is still offering $200 off your orthodontic treatment (by request of our master Bryley), and he has now agreed to honor Rex's and my last offer of an additional $50 off. You don't even have to bring in a treat for us (although we won't say no if you do) to get the extra $50 off. Just call before March 31st and I'll make sure you get that extra fee reduction – just mention my good friend Bernie.

Hoping you're OK,

Scamp

PS Be sure to call (818) 242-1173 today to claim your fee reduction of $250, **and** be sure to mention my friend, Bernie!!

伯格医生的例子：第三封信

你需要为终极吸金大潮方案做些什么

上文都有涉及。从理论上说，你需要一群已有的、活跃的、曾经的乃

至已经失去了的和还在"冬眠"的客户——即那些曾经来过电话，到过店里，参加过一些免费的活动，登录过网站了解了更多的信息，但是就是没有购物的客户。接下来你就要绞尽脑汁去开展最有趣、最有吸引力的活动。记住，要给出一个合情合理的解释，还要考虑考虑使用赠品的事情。在开展促销活动时，要多阶段、多媒介、多方位地进行。

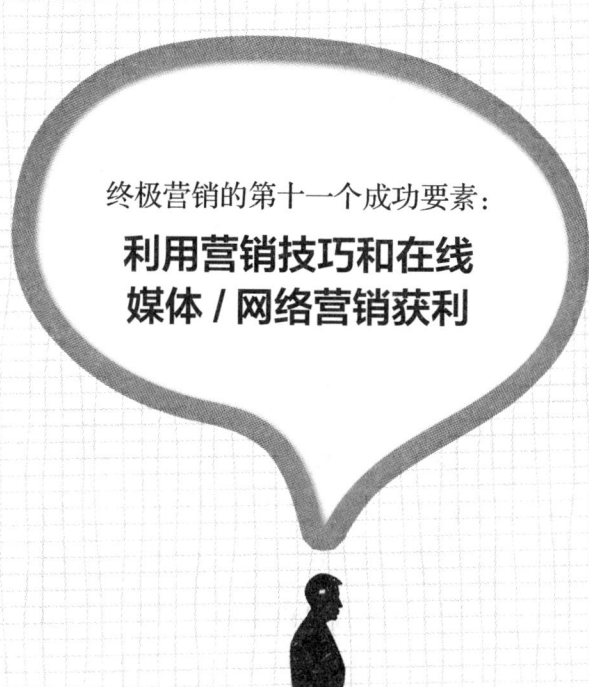

THE ULTIMATE MARKETING PLAN

终极营销的第十一个成功要素：

利用营销技巧和在线媒体/网络营销获利

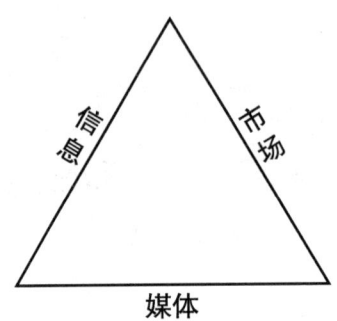

放着现成的技术（随着技术不断迅猛发展，营销信息已经实现了自动传达）不加以利用的营销方案就不是完整的终极营销方案。我们建议营销者至少要利用到一部分网络媒体。利用网络技术的好处就在于可以从中获利。或者说，我们的口号就是"要从网络技术中获利"。网络技术在追求时尚的年轻人当中十分流行，很多人为了跟上时代的脚步，也纷纷加入了使用网络技术的大军。但是作为一个商人、一个精明老练的营销者，你要做的就不只是盲目跟风了，你要利用好每一项技术，并从中获得真真切切的利益。即使参与到每个领域内的人越来越多，但是对于商家来说，想要跟上不断日新月异的网络技术，并充分利用网络带来的全部益处，就必须承受巨大的压力。举个例子，不久前，我们流行的社交网络是我的空间（MySpace），而现在流行的是脸谱（Facebook）、推特（Twitter）、邻客音（LinkedIn）、StumbleUpon[①]、Reddit[②]等。很多人恨不得有分身术，能够在所

[①] 社交发现引擎 StumbleUpon 是个浏览器插件，可根据你的个人偏好，把符合你偏好的、被最多人所推荐的网站推荐给你。——译者注

[②] Reddit 是一个新闻和娱乐网站，注册用户可以以链接和帖子的形式提交新闻，其他用户可以对其投票，那些得分突出的内容将会被置于网站首页。——译者注

终极营销的第十一个成功要素：
利用营销技巧和在线媒体/网络营销获利

有社交网络中均占得一席。但是，还是那句话，你是一个商人、一个精明老练的营销者，所以你必须抓住每一种在线媒体和每一项活动带来的机会，从中获得真真切切的利益。你必须要坚持一点，那就是"我要赚大钱！"

首先，我要主动供认两件事。第一，我个人是非常厌恶电脑的，也不想和电脑有任何瓜葛。我认为电脑就是从潘多拉的魔盒里不小心放出来的邪恶力量，尽管自从问世以来，电脑就在不断地创造各种财富，但同时它对经济和社会造成的创伤要远远超过它创造的财富。电脑掀起了一股产业科技革命，虽然这场革命为人们提供了新的工作，让人们建立起新的小型企业，但同时，电脑也以飞快的速度，史无前例地加速了更多工作和企业的消失。尽管没有多少人愿意承认，但是这场革命的确造成了10%到15%的劳动力永久性失业的局面，使更多下层阶级民众处于半失业的状态，让更多的大量财富如恶性循环一般流入少数人的囊中。由于智能手机在全世界大行其道，所有产业中有几十万个工作机会正在不断消失。

这场革命也推动了各项事物的不断简化，由于电脑的出现，人们不需要再多动脑筋思考各种问题，不需要保持活跃的状态，不需要忙前忙后地跑腿，甚至也不需要像从前那样讲文明道德——人们就像是退化到了原始时期，住在洞穴里，偶尔嘟囔两声就算是相互交流了。对电脑持这一看法的不止我一个人，我可以与无数的专家学者、商业现实主义者找到共鸣。

我的电脑没有联网（电脑对我来说就是个打字机），准确地说，我个人从来都没有使用过网络连接。我个人从来没有上过网，搜谷歌，或者网购过任何东西。我个人也从来不玩脸谱（Facebook）、推特（Twitter）、邻客音（LinkedIn）之类的社交网络。本人还要郑重申明，我是没有手机的，如果咱们在用餐的时候你掏出手机来玩的话，我就会立马喊服务生过来，然后结账走人。这就叫以眼还眼，谁叫你先不尊重人呢。我一直认为，科技在人们的生活中已经反客为主了，现在的人们在科技的影响下已经开始退化。即使是最简单、最常见的小事，我们也要假手于科技。可见，我们对科技的依赖之深，深到我们已经不再愿意开发自己的潜能了。

至此，我已经供认了第一个情况。肯定有人会对我的想法嗤之以鼻，他们认为电脑的应用并不会给商业领域和我们的社会造成破坏，相反，还会促进商业的发展和社会的进步。那么接下来，你就向这些人讨教网络营销以及相关技术的建议吧。

第二，通过使用营销技术，以及利用我十分不屑的网络平台，我已经赚了很大一笔财富，以后还会赚得更多。看来我还是掉进钱眼里了，没办法做到放着有利的条件却不去利用。很多了解我的人都以为我并不熟悉太多网络营销的技巧，事实上他们错了，我知道得可多了。我指导他人为我使用网路营销技术；每天我都要面对众多客户，他们推销的多样化的产品和服务无一不与网络媒体挂钩；我撰写了很多有关网络媒体的营销拷贝；我还指导很多客户更多更好地利用网络媒体。我都不需要亲自过目这些和电脑有关的事宜就可以通过电脑赚钱，这比我下厨房做一顿丰盛的晚餐还要简单。你也是一样，即使你碰巧和我一样不喜欢电脑，或者和那些19世纪初强烈反对自动化和机械化的勒德分子一样，总觉得电脑是一颗定时炸弹，也不要放弃电脑为你服务，抓住为你带来利润的好机会。

让我们从营销的角度清楚地认识有关网络的一切。我们说的就是一种媒体营销，与其他任何一种形式的媒体营销来说没有什么区别。有人认为网络营销与其他的营销方式有很大差别，这纯属无稽之谈。网络营销与其他线下营销的区别就如同锤子和钻孔机的区别，这种区别很小，但是它们都是用于生产活动的工具——前两者用于营销业务，后两者用于工地施工。它们使用起来没有多大区别。锤子的前端有锤头，钻孔机的前端是钻头；电子邮件以标题行开头，销售信函也以标题开头。除此之外，它们之间是一样的，它们都用于同样的目的，起着同样的作用，服从于同样的规则（详见本书的姊妹篇，《终极营销快讯》(The Ultimate Sales Letter)。如果你总认为网络营销不同于线下营销，这种想法无疑会让你束手束脚。不要过度神化网络营销，就像一块石头，即使你给它画上不同的色彩，或是连接电源后安装在墙体里，或是打磨得熠熠发光，包装成钻石一样出售，又或是绑着项圈装在盒子里，再附上一本行为指南，将其作为宠物出售，这块石头的本质也不会改变。

接下来，我将和你分享我的一些想法，告诉你网络营销的主要形式，如何抓住机会利用每一种形式，以及了解相关的注意事项。网络与网络营销的变化可谓日新月异，因此，想出这样一本专门讲网络营销的书还是存在一定的问题的，没准书一出，事情就有了变数。以传统出版物的形式撰写有关网络营销的细节无疑是愚人之举。因此，我给出的建议比较宽泛，是建立在真实可信的营销原则的基础上的，与本书的整体内容一致。

网站

你最好有一个或多个网站，就算你只是用它来证明你的存在，或者（可能有些可笑）你不是在骗人。如果那些响应其他广告和申请方式的消费者一时找不到顾问面谈的话，他们都会在做出下一步行动之前查询一下他们的网站。除此之外，还有很多值得你在吸引客户方面下本钱的绝佳理由。你可以注册一个手册型站点，讲述你的商场故事，而不是开门见山地讲做买卖的事，让访问者自由地浏览；或者注册一个浏览网上产品目录的站点；或者注册一个讲述一对一的推销信函及其结果的站点。因为除了销售站点之外，你还可以注册各式各样的消费者服务站点。消费者服务站点内还应包括会员站点和信息/教育站点，用于特定的产品或服务。大多数业务都需要一个以上的站点。一个俘获潜在客户的网站类似于一个 800 号业务[①]，

[①] 800 号业务，又叫被叫集中付费业务，是一种由 800 业务号码拥有者付费，主叫用户不付费的业务。——译者注

通过客服机器人自动获取那些感兴趣客户的联络信息（这种服务的功能仅此而已）。

网页的妙处就在于提供了一个基本免费的无限地盘，客户还可以根据站点各自的搜索功能定向访问这些网页。

我喜欢将客户网页融入线下媒体进行市场营销，有时以线下媒体为主，有时反之，有时将两者结合起来使用。举个例子，我有一个客户，他通过租用和他推销的产品相似产品的邮购客户名单向这些潜在客户寄送明信片，从中赚了很多钱；这些明信片里介绍了某个网站，客户拿到明信片后便会访问该网站，在留下他们的联系方式后，他们可以观看一小段介绍视频。销售大礼包随即寄往他们手中，里面附有长长的一段推销信，向他们介绍那些昂贵的商品。在这个例子中，网页起到了中间作用，在收录到潜在客户的联系信息后将这些信息用于线下媒体。还有一个开专卖店的客户，同样使用了直邮广告、印刷广告、Valpak优惠券、在线搜索引擎优化广告以及网页上的付费横幅广告的方式把人们吸引到一个网站，这个网站提供了可供客户选择的五段视频，每段视频对应介绍一种产品。点击进入相关视频后，会出现与视频产品对应的有设定期限的优惠券，在网页上不断滚动，还有如何通过电子邮件联系的六个步骤。

注意： 在我写这本书的时候，我亲自动手做了或参与了几个不同的实验，目的是检测在线下广告和直邮广告中邀请客户访问其网页或拨打热线电话这两种方法各自的结果如何。在每个实验中，当客户的年龄在35岁以下时，只提供网页的方法比提供网页和热线电话的方法有效得多。但是，针对年龄在50岁以上的比较富裕的客户，网页加电话热线的方法与只提供网页的方法比起来，成功吸引了三倍多的客户，而且从那些打电话进来询问的顾客的收入、资本净值和购买力上看，他们的实力都很强。

虽然我不喜欢网络，但是这个结果也没能让我喜出望外。作为一个营销者，我倒情愿自己能只提供网络营销，用现代的自动化技术取代那一大群电话销售员。这样的话我就可以把他们的工资、佣金、健康福利和管理

终极营销的第十一个成功要素：
利用营销技巧和在线媒体/网络营销获利

费用一并省了。如果信息不充分，与打电话寻找潜在客户相比，我也能够通过俘获潜在客户的网站进行更多的营销活动。在90%的情况下，如果对你的业务感兴趣的客户只能通过网页这唯一一种途径向你回应的话。或者是，在你们的首次交易后，你仅能通过网络再次与你的客户建立互动的关系，那你在经济上会遭遇巨大的挫折。面对这样的现实，我着实高兴不起来。如果你还年轻，认为人人都和你一样热衷于网络，那么看好了，2010年年末的调查数据显示，有21%的美国民众还没有接触过互联网。如果你认为这些人都是那些住在阿肯色州的乡村地区，又穷又蠢，连牙都掉光了的老年人的话，那你就太想当然了。

我并不是不鼓励大家使用网络营销，我只是想强调，在营销过程中，网络营销不应该取代其他的媒体或其他的客户反映方式。

在格雷泽-肯尼迪内幕圈中，你会发现各种在线媒体被广泛应用于营销当中，但是具体的网站只有下面主要的三个：第一个网站是NoBSBooks.com，这是一个演示网站，内容就是我写的有关营销的各种书籍，读者可以通过这个网站找到与这些书籍有关的额外资源。第二个网站是DanKennedy.com，这是一个主要的多功能型机构网站，对外展示了公司的整体概况，提供订阅电子报和试订项目，同时提供获取各级成员的不同资源的方法。第三个网站是DanKennedy.com/store，访问者通过这个网站可以直接接触到网上产品目录。另外还有数百个类似FreeGiftFrom<Insert-Name>.com 这样的网站，用于发布各类免费信息，免费"尝鲜"商品，其免费使用的会员信息要么直接提供给顾客，要么通过注册加入的方式提供。这些都是专用型网站，主要通过带视频支持的推销信函直接将信息传达给访问者。你可以看看书后面的那个接受免费邀请的例子。除了上述三个网站之外，还有一个 nobstv.dankennedy.com，它的一大特色就是通过邀请商务和营销专家做在线电视访谈来吸引访问者。如果你能去这些网站看看，就会大致了解我们现在的处境了。

为了从新的潜在顾客那里获取他们的联系方式，就我所知，许多网站

采取的最常见、最成功且最重要的策略就是设置双层或三层的准客户信息挤取网页（Squeeze Page，缩写为 SP）。之所以这样说，是因为这些网页的目的就是要尽量从网站访问者那里套取更多的个人信息，以便进行后续的工作。第一层挤取页的门槛最低，只要客户留下姓名和电子邮箱，就可以看到相关的视频，参与在线会议，或者收取免费电子信息。当上面的任务顺利完成后，就进入第二层挤取页，它会询问客户的具体住址和电话号码，然后营销人员通过平邮、联合包裹服务公司（UPS）或联邦快递（Federal Express）等方式将小礼物、产品或其他物件送到客户的手中。之后，出现第三层挤取页，它可能是一份调查表或问卷，其中收录的问题可以让营销人员从各个方面大致了解该客户，比如兴趣、收入、年龄、业务类型等，通过分析后归纳出最适合该客户的产品，再进行后续工作。那些非常成功的营销者都会为了后续的推销工作而向客户展开详细的询问，然后再一步步开展复杂的多媒体后续营销。和我的众多客户一样，我们和很多顾客建立了两年之久的联系后才充分做好了准备工作。接着直奔主题，拿到这些客户带来的初次交易收入。

网络营销的平台

两条通用的重要赚钱原则：第一，在谈到财富的时候，比如在我的《不看资产负债表，新经济时代自有财富魅力》一书中，我提出了一个观点，那就是钱财始终是处于流动状态的，关键看它往哪里流动，最好能沿着正确的途径，那我们就会受益良多。第二，"他人的客户"是一个很重要的概念，因为它就相当于是"他人的钱财"。如果你把这两方面结合起来看，就意味着你要坐享其成，在他人确定了客户之后想办法钻空子，在客户给对方送钱之前截住他们，并把他们发展成自己的客户。在很多方面，"他人的客户"甚至比"他人的钱财"更有意义，因为在得到"他人的客户"后，你离设定的目标就更进一步了。如果你聚集了一定的资本或者成功借资，那么你一定会把这笔钱投资出去，在你寻找、吸引并收买顾客的过程中，你就可能遭遇亏本的风险。因此，直接省去前面那些步骤，从现成的客户入手就方便多了，也安全多了。

使用视频

  YouTube 并不只是一个充斥着电视剪辑和搞笑视频的大杂烩，它事实上是一个仅次于 Google 的第二大搜索引擎。

  YouTube 可以向你提供机会发展业务，还有你需要的一切，准确地说，你需要的就是一台不贵的翻转式摄像机或者柯达 Zi8 口袋摄像机。你可以自己制作视频，然后上传到 YouTube。

——来自里克·吉的网站 www.MarketingProfitStrategiesblog.com

  所谓营销平台，就是顾客的聚集地，而作为营销员的你可以在这里推销你自己以及你的产品。说到线下营销，我可以举个例子，一位参加十日巡航的艺术家在游轮上找到了一块好地方，一天早上，他通过游轮的喇叭通知人们晚上到这里来集合，他要在这里开个招待会、展览会和艺术品拍卖会。他向乘坐特等舱的所有人员发出邀请，一夜过后他便赚足了钱，开了一家画廊。这条游轮就是他的营销平台，在线下营销中，你应该尽量多找一些适合你进行营销的具体地点并加以利用。

  关于网络营销，不管是谁的网站，只要是符合你目标的顾客访问过或光顾过的网站，都可以作为你的营销平台。但是还有一些操作正规的大型商务平台，比较著名的有易趣（eBay）、亚马逊（Amazon）、谷歌（Google）、谷歌关键字（Google AdWords）和谷歌购物（Google Shopping）。知道易趣（eBay）的人很多，但是熟悉在亚马逊（Amazon）上开网店的流程或利用谷歌购物（Google Shopping）的人却没有那么多。就在最近，一家开在

我家附近的小专卖店老板告诉我，在一年多的时间里，他通过自己的网站每个星期可以做成五六笔生意，他对这个成绩感到挺满意，认为和本地的同行比起来，自己的日子过得还算滋润。但是当他接触谷歌购物（Google Shopping）后，发现自己每周平均居然可以做成五十多笔生意。我的一位从事营养品行业的客户通过亚马逊（Amazon）这个平台，每月的收入超过2万美元。她撰写并自助出版了一些保健书籍，按照名义价格放在亚马逊（Amazon）上出售。聪明的她在每本书的最后都附上了推销信，介绍她的花粉保健产品。

总体来说，谷歌（Google）是最大的营销平台。像一个自信心极度膨胀的人一样，随着谷歌（Google）的规模越来越庞大，它变得越来越"目中无人"，还时不时会犯一些低级错误，这不禁让营销者望而生畏。我有一个客户，他参加了 SEO（搜索引擎优化活动），并且抓住了谷歌关键字（Google AdWords）和谷歌购物（Google Shopping）带来的机会，仅通过谷歌（Google）这一平台带来的新顾客，他每月就可以多收入十余万美元。但是现在的他并没有一味沉溺于自己的财富，而是在养精蓄锐，准备随时摆脱对谷歌（Google）的依赖。按照他的话说，一想到自己的命运就掌握在这样一个庞大的"企业怪物"手中，他在夜里睡觉都睡不安稳。他被自己的妄想症折腾得够呛，正在努力求变，但是谷歌关键字（Google AdWords）和 SEO 的力量的确不容小觑。凑巧的是，能够帮助营销者使用并最大化程度利用谷歌关键字（Google AdWords）的两位领先权威都是格雷泽-肯尼迪内幕圈里的成员，他们也很乐意为本书的读者提供帮助。如果你已经向谷歌关键字（Google AdWords）投资超过 5,000 美元，或者有实力可以投资这么多钱，我建议你通过 www.ROIRevolution.com 联系蒂莫西·苏华德（Timothy Seward），并安排免费的关键字（AdWords）优化策略通话。如果你是一个小型企业主，需要有关谷歌（Google）的自学战略，我建议你可以联系我的朋友裴瑞·马歇尔（Perry Marshall），他写了一本《Google AdWords 权威指南》（*Definitive Guide to Google AdWords*），你可以访问他的网站 www.

终极营销的第十一个成功要素：
利用营销技巧和在线媒体/网络营销获利

perrymarshall.com。

对于每一种主要的营销平台，你都可以在市面上买到相应的入门书籍。这些书籍都是由那些当年通过这些平台发家，继而成为该平台使用专家的人撰写的。你可以在书店或在线书商轻松地找到它们。对于其中大部分书，你都可以找到相应的网络教程和其他针对新手的指导内容。

对本地商人来说，在这个过程中他们只需要花少少的钱、冒小小的风险，这的确是一个领他们入门的绝佳方式。对于那些已经入门的人来说，也可以在现有业务的基础上发现更大的商机。

就在我写这本书的时候，另一种平台流行了起来，我们称其为"每日推出一种新商品"。也就是说，某位商家通过地理位置或个人兴趣搜集到大量消费者电子邮箱地址，这些通过网页选择性加入的消费者愿意接收某一当地商家或专卖店每天或每周发一次电子邮件，这些邮件提供了大促销、廉价或折扣商品的销售信息。在我写到这一段的时候，最出名的团购网站就是 Groupon.com[①]，但是还有很多其他的网站在不断竞争，以适应或发展这种模式。其中包括 LivingSocial[②] 和直邮优惠券商家 Valpak 提供的优惠券交易信息。Groupon 的会员并不是直接与提供产品的商人接触，而是先从 Groupon 购买高兑现率的打折优惠券。Groupon 一开始只涵盖了 14 个本地市场，通过短短一年的时间，Groupon 就发展至涵盖了全球 31 个国家的三百多个市场。格雷泽－肯尼迪内幕圈的一些成员和我的几位客户都通过在 Groupon 进行营销取得了不同层次的成功。通过 Groupon 这样的第三方优惠券，销售商争取顾客的价钱很高。因为批发商不仅要折让 60% 到 70% 的价格或相同的额外价值，他们还要和 Groupon 这样的优惠券销售商分摊利润，也接触不到存有优惠券购买者信息的数据库——他们只能接触到那

[①] Groupon 成立于 2008 年 11 月 11 日，总部位于美国伊利诺伊州芝加哥。以网友团购为经营卖点。——译者注

[②] LivingSocial 是美国仅次于 Groupon 的第二大团购网站，总部位于华盛顿特区。——译者注

些使用了优惠券的顾客。然而在很多情况下，直接获取新顾客的总体成本也不会比上述方法低，甚至还要更高，而且获取顾客的速度也慢得多。

在专业兴趣领域，我有一位顾客（KidsBowlFree.com），他通过网络向全美超过 100 万个家庭推销保龄球活动中心的服务，而现在他的业务不断扩展，正通过付费营销的方式，替其他面向孩子和家庭的商家向他自己的这些客户进行相关产品或服务的营销。这些网络营销今天的处境和传统的邮购目录公司一样，他们手里都有一些活跃且能作出积极回应的客户名单，这些客户都指望他们能带来相关的、有趣的而且价格低廉的产品、服务或提议。因此，他们都需要新的产品、服务和提议，否则就会面临失去与这些客户保持利益联系的风险。

这些网络实体几乎无一例外地都是靠批发商缴纳的费用和/或与批发商分摊的利润赚钱，而不是从他们名单上的消费者身上赚钱。因此，他们也需要和那些可以提供热销产品或服务，引发他们名单上的客户踊跃购买的批发商合作（参见第二章给出的有关提出令人难以抗拒的提议的建议）。

我鼓励人们对这些营销平台不断地进行积极大胆的探索。对于你来说，能够接触到已经组织好的潜在客户群体无疑是你将用到的最有力的战略之一；如果你面对的是已经组织好的，而且正准备在与你提供的类似的产品或服务上砸钱的实际客户，那就再好不过了。

社交媒体

几乎所有出现在网络中的事物都会在网络的催化作用下改头换面，发展成另一种事物。伴随着这一变革的还有一种转变机制，即从原先无利润、只是想增加网络流量的状态发展为产生收入和利润的真实企业。Amazon 刚刚起步时是一家在线书商，现在一跃成为全球最大的综合网购商城之一。2010 年，Amazon 出资 5.45 亿美元收购 Diapers.com，Soap.com 和 Beauty-

终极营销的第十一个成功要素：
利用营销技巧和在线媒体/网络营销获利

Bar.com，而这也仅仅是它迈向以创建和收购打造全球最大的卖家和产品销售平台这一目标中的一小步。Amazon 的创始人杰夫·贝佐斯（Jeff Bezos）简直可以看成 007 电影中那些想要独霸世界的恶棍。易趣（eBay）在创立之初只是一个旧货交换会，经过扩展成为拍卖业务平台，为品牌零售商和制造商提供清仓商品销售渠道（和遍布全国的特价商品购物中心有异曲同工之妙），现在的易趣（eBay）仍在不断发展。和之前谈到的在线平台一样，这些平台已经成为了其他批发商和营销者的活动平台，进入了商品服务的业务领域。

脸谱（Facebook）在成立之初是一个交友平台。它把在小镇的教堂、五金店和高中举行的一些体育比赛的聚会传到网上，这些活动在网上的转播只持续一分钟左右。首先发掘出脸谱（Facebook）的商业用途的是一些社会名流。以讲"单口相声"闻名的英国喜剧演员戴恩·库克（Dane Cook）就通过脸谱（Facebook）建立起了自己的粉丝群。通过脸谱（Facebook）与粉丝进行互动，喜剧演员可以提高自己俱乐部表演会场的上座率，作家可以提高书籍的销售量，影视明星可以宣传他们的最新作品。如今，脸谱（Facebook）已经成为一种商业营销媒体与平台，通过脸谱（Facebook）的主页，人们可以发现很多出售各类商品和服务的广告网页。脸谱（Facebook）也大力发展收费营销服务，利用其使用者的相关数据，有选择性地向其使用者进行广告宣传。我可以肯定地说，从我开始执笔到你们可以读到这本书的四到六个月的时间里，脸谱（Facebook）覆盖的直接广告数量和提供的营销机会一定会大大增加。

原先的脸谱（Facebook）是一个交友平台，人们可以在这里找到和自己兴趣相投的朋友，现在的脸谱（Facebook）已经完全成为一个商业化的广告营销媒介，可以为当地和全球的批发商提供众多机会。和脸谱（Facebook）经历了相同的发展历程的还有推特（Twitter）、你管（YouTube）以及其他一些类似的在线活动网站。女星金·卡戴珊（Kim Kardashian）为某汉堡连锁店拍摄的最后一轮电视广告时，她的 Twitter 社区内接收到的短消息无数，

脸谱（Facebook）的粉丝们也纷纷群情激昂发表公告，吸引了几百万人到你管（YouTube）上抢鲜观看这个广告。由于这些社交媒体带来的大规模影响，公司决定将金·卡戴珊纳入其最热门的广告艺人之列，愿意出高价和她继续保持合作关系。就连"开心农场"这样的游戏网站也跨入了广告媒体行列。2010年，"开心农场"展开了与麦当劳公司的合作。这是"开心农场"进入商业领域后的首次合作营销活动，也绝对不会是最后一次。

简而言之，"社交媒体"只是个传说。

真实的社交媒体就是邻里间的一场家常便饭，没有掺杂商业议程，也没有任何赞助商。相互并不熟识的邻居共聚一堂，在纯粹的社交活动中建立友谊。这差不多也是脸谱（Facebook）和推特（Twitter）建立的初衷，但是从现在的情况来看，它们已经背着这一目标越奔越远了。特百惠公司（Tupperware Brands）的CEO雷克·格恩斯（Rick Goings）是我见过的最精明的营销者之一，也是最具洞察力的CEO之一。他对我说，那些所谓交友网站其实都是反社交媒体，它们不仅没能够把人们聚到一起，反而将人们各自隔离了开来。事实上，特百惠公司也在广泛应用这些"反社会媒体"，但是他们从没想过有朝一日这些网络媒体可以代替真正的社交媒体。比如，家庭聚会和为代理商准备的销售会面。

这些社交媒体网站的用户很享受这些网站带来的乐趣，但是他们感受到的只是一种巨大的错觉——他们以为自己参与的是社交活动，是在和朋友进行互动，但事实上这些网站只是一个推销商品和服务的地方。你会听到来自社交媒体的用户和"专家"的声音，说有人在抵制社交网站的商业化，说过于明显的商业化可能会触怒众多使用这些在线社交媒体的用户，还说需要敏感地对待这些地方的非商业文化。所有这些话在我看来都是胡说八道。

有一条简单的原则让我赚了很多钱，也为我省去了很多时间和精力，那就是：如果不是营销，我就不去做。

在这个讲究速战速决的商业时代，各种交易类型大行其道。面对商品和服务惊人的销售量，要做到镇定自若。要使用各种方法充分利用这些媒体进行营销，而克制使用这些媒体进行其他活动的诱惑。

我的朋友迪恩·基林贝克（Dean Killingbeck）和马克·伊杰拉勒（Mark Ijlal）合著了《线上与线下饭店营销之完全攻略》（A Complete Online & Offline Roadmap to Marketing Your Restaurant）一书。他们向我讲述了一个普通的企业通过社交网络营销取得成功的励志故事。有两个人合伙在洛杉矶摆了一个移动玉米卷小摊，开着炊事车出售韩国烤玉米卷。在环境拥挤又充满竞争的洛杉矶，两人倍感压力。但是推特（Twitter）为他们带来了事业的春天。他们其中一个人开始通过推特（Twitter）实时更新他们摊位的地点，描述他们供应的特色食品。他们还抓住机会，请那些满意的顾客用推特（Twitter）直播自己享用美味玉米卷的过程，为他们作宣传。就这样，他们的跟随者（follow）名单人数激增，从10人发展到100人、500人，乃至5000人。他们无论把车开到哪里，附近的人们都会循着推特（Twitter）上直播的地址赶来，将美味抢购一空。没过多久，他们就新增了一辆炊事车。在我写下这段文字的时候，他们已经拥有了四辆炊事车，推特（Twitter）上的追随者达到了7.4万人。如果你也拥有一家饭店（或是类似的业务），可以访问 www.TheFullRestaurantBook.com/ActionPlan，向迪恩和马克**免费讨教**利用推特（Twitter）招揽顾客的窍门以及相关的操作。

电子邮件营销

电子邮件营销是一种十分具有吸引力的营销手段，因为这种营销方式不需要任何成本。但"一分钱一分货"的道理普遍适用，因此想要买到物美价廉的产品并不容易。如果你在某处购买200个电台需要2万美元，而另一处只需2000美元。不要以为买了后者就是赚到了，事实上，从听众的数量和质量上考虑，平均下来你在每一个合格的听众身上花费的钱很有可

能是一样的。同样的,这种情况也适用于电子邮件营销与其他营销媒体的比较,如平邮、电话销售等。然而在营销中,这些媒体的使用并不是对立的,你可以综合使用多种媒体,互为补充,取长补短。我绝不会建议我的客户只使用电子邮件这一种方法,而放弃传统的邮递邮件。无数的例子证明,这种只把注意力放在一种媒体上的做法是愚不可及的。另一方面,如果你在进行后续营销活动或最初反应活动时放着成本为零的电子邮件不加以利用,那我只能说你实在是没有什么做生意的天分了。

我的两位朋友,克雷特·马斯克和斯科特·马蒂诺是电子邮件营销领域内的两大巨头,他们熟知电子邮件营销的实施流程,可以为各个类别和规模的企业制定复杂的多媒体后续营销策略。他们是电子邮件营销/营销系统公司——Infusionsoft的创始人,并合著了《有规可循:如何成功发展一家小型企业》一书,我强烈建议你读一读这本书。他们每个季度都会向所有用户发送5亿封电子邮件(是不是很惊人!),尽管电子邮件传达成功与否受到很多因素的制约,但他们还是能够保持98%的超高传达率。查过55%的新用户会在头60天内收到至少两封以营销宣传为目的的电子邮件。如果你想要充分利用电子邮件营销这一媒体,并针对潜在顾客做好后续工作,你就应该向他们的公司学习这些手段。你可以访问www.ConquerTheChaosbook.com **获取免费信息**,还可以访问Infusionsoft.com,查看有关Infusionsoft公司的产品、服务和培训项目。如果你想直接和Infusionsoft公司对话,请说明你是本书的读者。另外,我在Infusionsoft公司的赞助下开办过以**"成功改进后续工作"**为主题的研讨会,你也可以请对方赠予你那次研讨会的录音副本。

几条额外的小贴士

电子邮件营销,是的,还是谈电子邮件营销。你可以开门见山地说:"嘿,出自最佳设计师之手的新款皮包本周价格直降70%。请点击进入……",这种风格的促销宣传手段无可厚非。如果你想花心思把宣传做得更加复杂,结果却有可能适得其反。我曾无意间听到一段对话,某人对他的朋友说,唐

终极营销的第十一个成功要素：
利用营销技巧和在线媒体/网络营销获利

恩都乐连锁店给他发了一封邮件，告诉他现在一磅重的咖啡豆四包只卖19美元，折合不到5美元一磅，于是他直奔唐恩都乐，连午饭也不吃了，生怕耽误时间。那个人是唐恩都乐的老顾客了，他很喜欢来这里喝咖啡。收到这封电子邮件让他很是欢喜，他需要的就是"咖啡豆促销"这条消息，因此对方只要开门见山地在标题栏里说清楚就好了，这样收件人便能够一目了然，高高兴兴地来店里消费。在这方面，你不必挖空心思搞什么创意，显得自己不落俗套。如果你是格雷泽－肯尼迪内幕圈的黄金或钻石会员（参见本书最后），你也会收到那种类似"一周促销信息"的邮件，其中的内容都很简单直白。促销的产品种类繁多，来自我们的产品目录或新资源，偶尔也有其他出版商提供的资源，这类活动几乎每周都会有，而且全年不断。

其实顾客都还好办，真正需要谨慎行事的是发展潜在顾客。这些潜在顾客已经访问过你的网站，或对你的产品或服务表示感兴趣，但他们还什么都没有购买，这时给他们发送电子邮件进行后续营销就需要你动一番脑筋了。有一个有效的方法就是通过分期传递的电子邮件开展家庭学习课程——一天一课，或者隔一天一课，又或是隔一两周一课。课程的基本主题包括每一种产品或服务，我将其划分为脊椎按摩课程、牙医课程、助听中心课程、金融顾问课程、婚礼策划课程、摄影课程、皮肤护理与抗痘产品课程等。你要做的就是让这些潜在客户成为你的课程教育对象，从而接受你的邮件，而不是简单地请求他们同意你为了发邮件而发邮件。这样一来，你自身的地位就提高了，顾客收到邮件后打开仔细阅读的可能性也增大了，同时顾客对你的信赖也增强了。

最后，我们来谈一谈由于顾客的年龄而产生的喜好问题，谈谈他们对于电子邮件和传统邮件的态度如何。和我家住在一起的街坊邻居大都是40岁左右的人，我的女儿过生日的时候总会收到很多来自他们的贺卡——其中有的是电子贺卡，有的是从贺曼公司购买的纸质贺卡。她心满意足地收下了所有贺卡，对她来说，这两类贺卡没有多大区别。但是我妻子的反应就大不相同了。人到中年的她看着那些电子贺卡，总是感到一丝失落。如

果你在培养客户关系时也需要向他们传达生日祝福的话（这也是你的终极营销方案的一部分），你肯定不会愿意看到他们失望的样子吧，那就不如什么都不送呢。因此，我建议你将客户名单上的人员按照不同年龄段划分开来，再各自区别对待。事实上，这样一个简单的举动却蕴含着十足的深意。

其他营销技术——旧法沿用

群发传真是过去营销者偏爱的选择，现在美国法律已经禁止这种营销行为。只有在少数几种情况下，比如协会成员之间传递他们的内部信息时才能使用，且须定期获得内部成员的许可。然而，在加拿大、英国和其他一些国家，即使是向那些事先和你没有任何联系的潜在客户群发传真都是合法的行为。这是一种企业对企业的电子商务营销工具，可以将信息及时传送给对方，而且由于传真设备的特殊性，对方也不会置之不理。你还可以尽量把内容设计得吸引人眼球，引人入胜。另外，这种宣传方式的成本也非常低。

用于广告宣传的"免费录制信息"，有时候也被称为"消费者信息热线"，这对于那些被你成功激起好奇心或兴趣，却又害怕打电话询问，怕被电话销售的长篇大论忽悠得团团转的潜在客户来说极具吸引力。另外，这对于那些不太信任网络，更倾向于打电话确认信息的潜在客户，和那些一边听着广播广告，一边开车或做着其他有碍立即回应的事情的潜在客户同样具有吸引力。在互联网时代到来前的很多年间，我发现不管在哪一种业务中，拨打消费者信息热线一直是潜在客户对营销作出回应的方式之一，也是产生兴趣的潜在客户向前迈出的一小步证明，在广告和营销业务中起着重要的作用。在我的领导下，数十万小型企业主都发现了在黄页广告、其他媒体的印刷广告、Valpak 优惠券和直邮广告中加入一些消费者可能会感兴趣的信息，提供免费拨打热线并收听这类信息的选项，再配上一个吸引人的标题，顾客的回应便纷至沓来，他们的投资也获得了良好的回报。

**终极营销的第十一个成功要素：
利用营销技巧和在线媒体/网络营销获利**

随着网络的兴起，很多广告者放弃了这一工具。那些经不住诱惑，看见新的大众传媒就放弃了原先有效的工具的人实在太不聪明了，甚至可以说是愚蠢至极！在营销中，只要符合你要求的工具，你都要拿来为你所用，这又不是娶老婆，选多了会犯法。不要放弃任何一种有利的手段，也没有必要纠结于哪种手段更好。就像我，我就一直对免费录制信息爱不释手，多次向人们宣传它的好处，也一直在钻研如何更好地利用这一工具。

我的两位长期客户不仅通过使用免费录制信息取得了事业的大丰收，而且还向他们所在产业的上千名同龄人积极推广这一做法，带动产业的革新。在房产销售领域，克雷格·普罗克特（Craig Proctor）多年来借助免费录制信息来推动事业的发展，结果他成为 RE/MAX[①] 的高级代理商之一，并且多年来一直保持了这样的销售业绩。在地毯清洁产业，乔·波兰指导清洁公司的经营者以免费留言信息为主要手段，大打专业牌，进行消费者教育，而不是一味打低价广告，甚至是免费清洁广告。你没有理由放弃使用这些方法和工具，尤其是在你的目标市场客户都是 50 岁以上的中老年人，或者是那些不使用网络，也不喜欢从网络获取信息的人的情况下。

通过录制信息自动获取潜在客户也是一种实时、适宜、有用且节约的方式，在获取大量潜在客户方面更是如此。它有时比"真人"接电话更为有效。每周七天的全方位服务，不会产生由于真人客服导致的口误等错误，而且这种与机器"通话"的方式也不会让打电话询问的消费者感到紧张。很多公司都会提供这些服务，要说这一领域的领导者，那还是非"自动化营销方案"公司莫属，你可以访问他们的网站 www.automatedmarketingsolutions.com。

最后，得益于电话的发明者亚历山大·格雷厄姆·贝尔（Alexander Graham Bell），我们现在拥有了**语音广播**技术，可以将一条事先录制好的语音信息大量、及时地发送至成百上千，甚至几百万个电话号码。有一段时

[①] RE/MAX 是一家房产销售商，1973 年成立于美国科罗拉多丹佛，现已发展为全球化的授权加盟和特许经营房产销售网络，拥有员工近 9 万人。——译者注

间，这种语音广播被人们创造性地广泛运用于营销媒体中，获得了丰厚的利润。一家大型的汽车货运公司利用语音广播对外招聘司机，我由此而受到启发，建议我的一家客户公司在网络营销中利用同样的方法开拓陌生客户市场，招募一些新的经销商/分销商，结果每月产生了超过2万可靠人选。格雷泽－肯尼迪内幕圈的创始人比尔·格雷泽在创业之初开了一家男装店，并且大获成功。他选用了很多模仿名人口吻的语音广播（比如猫王埃尔维斯（Elvis）、比尔·克林顿（Bill Clinton）总统和其他一些名人），周期性地向几千名顾客展开促销活动。在他所有的语音广播中，最出彩的一次还是由他亲自上阵，在除夕夜的正午夜时分发出的一条广播，他选用了来自聚会的欢声笑语作为广播的背景音效。遗憾的是，全美"谢绝来电计划"一出，各企业便无权再向还未与其建立关系的潜在客户使用这一神奇的技术了。你只能在有电话通讯书面许可的情况下向那些固定客户进行语音广播宣传。尽管如此，很多企业主还是在电子邮件问世之后纷纷转舵，放弃了这一营销工具。他们真的是大错特错了，因为人们通常都会无视邮箱里堆积的电子邮件，而当你的客户打开电话留言，听到的不是自己不成器的妹夫问你借钱，就是邻居代他家不听话的狗向你惨遭践踏的花园道歉之类的让你头疼不已的留言时，这时耳边又响起了你带来的促销信息，那种感觉就像一股清风扑面而来，想无视都不行了。

其他处于实验阶段而正在快速发展的最新营销技术

对于本书这样的大众读物，想要介绍那些发展神速的最新媒体技术还是不大现实的，更何况其中很多技术的持续性和有效性仍有待检验。由于各种原因，很多营销技术都只是昙花一现。我就曾经历过900号码业务[①]的

[①] 900号业务又叫"大众服务业务"，指用户拨通特定号码字头的电话号码，就能获得某种信息或可以进行某种咨询。在美国，使用这种业务时，用户需要先拨900。——译者注

终极营销的第十一个成功要素：
利用营销技巧和在线媒体/网络营销获利

一段短暂但又辉煌的时期，其间各种相关书籍研讨会层出不穷，专家学者纷纷称赞，相关服务销售火爆，来自同辈的压力让你也加入了使用这一工具的大军。然而，不出多日这一切就结束了。最近，人们又一窝蜂地迷上了网络广播。这一工具曾是每个营销者口中念念不忘的"下一个大成果"，也让我的众多客户为之着迷。但当我在写这本书的时候，这一阵热乎劲也过去得差不多了，因为人们又看见了"下下一个大成果"——网络电视。

在我写下这段文字的时候，通过移动设备进行营销又引发了新一轮狂潮。开发应用程序、手机短信、传达到手机的语音信息以及其他直接发送至智能手机终端的交流信息又迎来了各类营销者的热烈拥护，其带来的结果也不尽相同。有些营销者在短短数月过后就因各种原因剔除了这种利用移动设备营销的方法，有的则依靠这一方法小赚了几笔，还有的已经将其纳入长期营销规划中了。

总而言之，技术和技术媒体为营销者带来了机遇和优势，同时也带来了风险。

其中一大机遇就是让你可以通过新的方法接触到以往其他方法接触不到的潜在客户和固定客户。另一大机遇就是让你可以通过成本相对低廉的各类媒体，充满干劲地进行广泛多样的营销活动。最大的优势就在于技术媒体让营销机会变得民主化，让营销领域内财富力强的企业大头和默默无闻的初生小辈得以在同样的赛场环境中竞争。毕竟，网络就是网络，在现实世界中，麦当劳出售的食品不见得就比卖韩国烧烤玉米卷的那两个生意人出售的要好吃多少，或者说有多大区别。因此，你必须保持关注，搜集信息，不断学习，在摸索中衡量比较，然后至少选择一种适合你的营销技术。

同时，你也面临着严峻的风险。其中最大的风险就是，当你面临诸多选择的时候，你很可能在各种诱惑因素中摇摆不定，今天追逐这种做法，明天又看上了那种做法，就是无法定下心来，坚守最适合你的那一种终极营销方案并持之以恒地加以系统化的实践。另一大风险就是不加选择地恨不得把所有的新技术都尝试一遍。事实上，你应该把各种机遇分等排好，

在你的资源和时间允许的范围内,采取符合你工作或学习意愿的实际行动。情愿只选择进行五种营销活动,但是每种都要做到最好;不要一口气选择50种营销活动,使每一种都收效甚微。

技术是充满诱惑力的。你可以选择在周六走进一家苹果专卖店感受一下这种强大的诱惑力,看看人们是如何在已经拥有了可以满足其全部需要的电子产品之后还是扎堆走进商店,排起长龙,眼巴巴地等着购买新上市的其他产品。再来看看人们对高科技产品的依赖到了什么程度,人们情愿通过手持GPS带他们一步步来到最近的星巴克,也不愿意向路人询问。真是不可思议!这种诱惑力如同一阵旋风,又刮进了千千万万的小型企业和公司董事会。于是营销者和那些凌晨四点就赶到苹果门店排队,希望能成为新品首批玩家的人们一样,盲目跟风而忘记了自己已经拥有的,而且是实用有效的东西。综上,在面对各种媒体技术的时候总是一心二用、恨不得把所有的技术都拿来为己所用,以及放弃真正有效的技术。这就是在如今这个科学技术迅猛发展的时代,营销者们必须警惕的三大风险。

有关媒体的现状核查

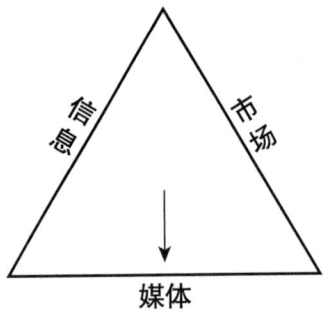

如今,很多企业都面临着两难的抉择。他们一方面想要在营销活动中尽可能多地融入媒体技术,一方面又负担不起高额的成本;一方面想要选

择最便宜的技术，一方面迫于同行的压力，想要换掉旧媒体，跟风新媒体。这里列举出几个事实，供你思考：

纸质文件与电子文件

某名牌大学（在此不方便透露名称）向一家研究机构提出，希望不再出版一年六期的校友杂志，而改为推出电子杂志。对该大学校友进行的调查显示，其中78%的人支持这一举动，并表示自己更喜欢阅读电子文档。**但是63%的赞助人却对此表示强烈反对**，他们仍然希望能够收到纸质杂志。另外，一家动物救助慈善机构的主管告诉我，当他们分发的是纸质简报时，总能很快收到善心人士的捐款，而且这些捐款数额远远超过他们引发纸质简报的花费的成本。但当他们通过电子邮件进行宣传时，这些善心人士似乎就不为所动了。2009年，这家机构又迎来了十几位出手阔绰的捐赠者，其中也包括我。和我一样，我们中的大多数人都是在收到电子邮件后好几个月才开始第一次汇款。

（数据来源：EPMCOM.com，调查服务。非盈利 & 慈善筹款报告，2009）

仍然使用邮寄广告

如果你已经习惯了自己的邮箱里总是塞满了各类产品目录，那么最近你一定会发现邮箱里的东西变得越来越少了，快递员也没有来得那么频繁了。事实上，成功的邮购公司几乎都没有彻底放弃纸质目录广告，相反地，大多数邮购公司越来越擅长这类广告的管理。比如，时尚内衣品牌（Frederick's of Hollywood）就在产品目录中加入了更多"超值特价"活动，将两款或者三款商品放在一起，以"买二赠一"的形式打包邮寄给客户，再向反馈良好的客户邮寄更多产品目录。你应该遵守这样一个准则，那就是通过证实有效的媒介将好的报价提供给更好的顾客。值得称道的是，他们并没有逆销售势头而行，即拒绝提供更多优惠，或放弃使用那些向顾客提供低价产品却让他们获利的媒体。

出售高价品牌女鞋的 SimplySoles 的编目员也在产品目录中加入了平价皮包、珠宝和其他配饰，促销成对商品，并报道称他们的商品目录"（2010年时）取得了三年以来的最佳效果"。Sprint[①] 是一家提供手机通讯服务的公司，完全有能力通过短信和在线网络的方式与客户沟通，但它仍然充分利用邮寄的方式来提高客户对公司的忠诚度，并提供一些推荐的产品使用方案，此外，还通过邮寄的方式向新顾客奉上一份"欢迎礼包"和一份时事通讯。他们也为每一位顾客提供一份个人网页，让顾客可以监控手机的使用、修改计划以及兑换奖励，但是该公司一直都是**通过邮寄广告的方式吸引并留住顾客**。

（数据来源：DM NEWS 5–17–10）

核实作为营销媒体的社交媒体的现状

好吧，我承认现在所有人都是通过脸谱（Facebook）与好友和家人互动，更新生活状态的点点滴滴，并且觉得其乐无穷。所有商务人员也都看准了脸谱（Facebook），将其作为使用一生的营销媒体。我认为对于小型企业来说，比如饭店，就可以通过使用脸谱（Facebook）带来巨大的收益。下面针对消费者和饭店老板进行的年度调查得出的结论，今年调查的主题是社交媒体，你可以看到这些结论和我们上述的内容有何出入……

- 只有 8% 的消费者会在脸谱（Facebook）上关注饭店的更新状态，但是 61% 的饭店老板都有自己的脸谱（Facebook）网站，而且不遗余力地借助这个平台为自己的饭店作宣传。

- 只有 15% 的消费者想到要在脸谱（Facebook）上跟随更多的饭店，但是 78% 的饭店老板都计划好了要进一步利用脸谱（Facebook）展

---

① 美国 Sprint 公司成立于 1938 年，当时是堪萨斯州的一家小型地方电话公司。目前，Sprint 公司作为美国三大通信运营商之一，已成为全球化的通信公司。——译者注

开营销活动。

- **只有3%** 的消费者会在推特（Twitter）上关注某一家或几家饭店，但是有53%的饭店都在通过推特（Twitter）为自己的饭店做宣传。
- **只有9%** 的消费者表示会为了自己经常光顾的饭店而更加频繁地使用推特（Twitter），但是有66%的饭店老板打算进一步开辟推特（Twitter）市场。
- 接受调查者中超过三分之一的是年龄在35岁以下的消费者。

这样的结果说明了什么问题？几年前，我与一家连锁诊所交流过，他们在黄页广告上花费了80%的广告预算，但经过追踪调查发现，通过翻看广告黄页来到该诊所的顾客不足15%。差不多60%的顾客都来自于他人对该诊所的推荐，而他们只在这方面花了不到5%的广告预算，用于鼓励和奖励推荐人。还有15%的顾客是收听了广播广告后来到诊所的，而他们已经逐步取消在广播广告中的投入了。因此，上述饭店年度调查第一个结果中那8%的消费者很可能是饭店的忠实顾客。虽然消费的次数多，但是在总体消费者中毕竟属于少数——你要注意这样的比例关系。

因此，有了一个想法就去尝试，然后检查核实后再继续进行其他想法。

应该根据各种资源所能收到的成效进行资源获取和资源分配。

资源一般指的就是超市中摆放商品的主要货架、广告费用、销售的培训、分配给售货员的信息或者是在社会媒体中投放的宣传时间。

应该根据各种资源所能收到的成效进行资源获取。

过去的医学减肥公司制定的电话营销人员操作规则就是"三振出局"，也就是说，如果你在打完三个电话后都没能成功完成一次预约，那么你就被解雇了——轮到下一位击球员上场。因为每一个号码都是公司下了本钱才得到的，如果这是你第一天上班，你从早上8点开始打电话，现在已经过了20分钟，那你就主动走人吧，请下一位电话销售进来。

应该根据各种资源所能收到的成效按照比例进行资源分配。

我有一位在电视广告圈内很有名的客户，人们都认为他这辈子就扎根在电视广告界了。但是从过去几年间的势头看来，他们的广告重心已经悄然发生了改变，在广告上的投资逐渐从电视媒体转向印刷广告和直邮广告。原因很简单，因为他们发现通过印刷广告和直邮广告获取的客户会带来更高的投资回报率。他们本来只愿使用更多的电视广告进行营销。

发散思维：不要把资源消耗在填补隐匿的黑洞上。不管你的举措曾经收效如何，你都要不断地对其进行检验，因为凡事都有变数。不要像上面提到的饭店老板那样，将过多的时间、精力和财力投入到那些成本与收效不成比例的社交媒体中，因为大多数顾客并不是通过这一途径了解到他们的饭店，并决定到他们的饭店消费。别弄错了目标，脸谱（Facebook）上关注你饭店的好友或粉丝有多少并不算数，关键在于有多少人会真正走进你的饭店掏钱消费。

（数据来源：*2010 NRN/Channel Marketing Survey. NRN.com）

注意你的投资回报率

事先声明：我本人是不反对任何营销媒体的。一个都不反对。我是一个金融实用主义者，可以撇开个人主观色彩对各种选择和决定做出公平的判断，你也要做到这一点。就像我不会说自己有多反感那些额头上带着文身的拳击手，或是有多看不惯那些穿着比基尼泳裤打沙滩排球的小女生那样，我也不会明确表示自己是更反对"反社交媒体"还是付费植入广告。我不会戴着有色眼镜来看待这种种现象。我只想**清楚地看到自己的投资有了回报，搞清楚是哪些因素带来了回报，然后根据数据、现实情况、每一种营销媒体对销售量的贡献百分比以及纯利润这一最理想的考虑因素来计划下一周的投资选择。**

我当然也有主观的偏好，但是我不会让它影响到我理性的选择。就像我在赌马的时候，不会因为自己最喜欢哪个赛马手就给他骑的那匹马下重注，也不会因为自己最讨厌哪个赛马手而无视那匹马的存在。我有幸可以根据自己的

终极营销的第十一个成功要素：
利用营销技巧和在线媒体/网络营销获利

喜好选择或避开某一业务范围，但是当我进入某一领域后，我就会拿出热情，学会使用适合这一领域的营销媒体或手段。因此，不要无视上述调查中给出的事实，也不要怀疑我在根据自己的推测作出结论时掺杂了多少主观色彩。我不会像找乐子似的去发掘每一种营销媒体的缺点和劣势；我巴不得每天都能有一种新的媒体诞生，所有的媒体都能在营销工作中有良好的表现，那我们就都能赚大钱了。我还指望人们能够做出零卡路里的可口披萨，指望所有的宠物狗都能陪伴主人同时走到生命的尽头，指望约翰尼·卡森（Johnny Carson）还能主持"今夜秀"呢，但是我能指望得到吗！

就在最近，我还在媒体应用上花了 2.5 万美元，现在心里还忐忑不安，因为几位深受我敬重的教授向我举了一个十分有说服力的例证，于是我想验证一下自己的知觉是不是错了（我有着三十多年指导他人营销工作的经验，知觉应该够敏锐了吧）。我希望结果能够证明我的知觉没有错，同时向我自己和我的客户证明，我的确能够从这样一大笔投资中获得傲人的投资回报。我有可能输吗？当然有可能——这就是我花 25,000 美元要搞清楚的事。结果会证明我是错的吗？很遗憾，我还不能确定。如果我知道的话一定会告诉你的。但是我知道自己的思维已经和降落伞一样，朝着有利的方向打开了。因此，不要以为我就是个固执己见的人，不要误会我在以自己的偏见"抹黑"新生媒体。至于上文中有关饭店的问题，我也很愿意看到内幕圈的某个成员可以根据实际数据拿出一份有关社交媒体提高饭店盈利的报道，推翻年度调查作出的结论。至于上文中有关筹款的问题，如果是 65% 的捐款者都更倾向于网络宣传，那我就会直接告诉你是 65% 的捐款者更倾向于网络宣传。除此之外，还有一个关键性的原则：守护好你的金钱和时间，不要让个人或群体营造的错觉影响你，不要盲目地跟风，听信虚假的传言或是吹出来的神话，而要**坚持相信实打实的**证据。谨慎投资，独立思考。

接下来的两个章节将向你展示两位企业主是如何在生意中使用终极营销方案的各种成功因素，向这些清单中列举出来的举措学习，并尽量多地在工作中找出类似的问题。一位从事的是消费者服务行业（格兰特·米勒），另一位从事的是零售/食品行业（狄安娜·库图）。由于篇幅有限，我决定向你举出最能说明问题的两个例子，就没有再加入企业对企业的电子商务模式的例证了。但是不要说出"他们的业务和我的不一样"这样显得你思维狭隘的话，也不要拿这个做借口。你要明白一点，每一种业务都离不开营销，不管你的业务模式和别人的业务模式有多少区别，只要别人的营销工作做得好，你就要学习，就要模仿。

附赠章节之一

让一项普通的业务变得独特

向格兰特·米勒讨教做生意的各种方法让我受益匪浅，我亲自参观了他的业务，并把这趟见闻写成了报道，刊登在格雷泽-肯尼迪内幕圈的内部通讯上，题为《〈不看资产负债表，照样营销赚大钱〉快讯》（*No B.S. Marketing to the Affluent Letter*）。这是针对这一报道进行的扼要重述。格兰特带我参观了总部所在地的五家"阳光美臀"日光浴沙龙连锁店，然后回顾了他在广告和营销方面指出的所有要义。

你需要知道一个背景知识，那就是他的家乡，位于宾夕法尼亚州的伊利，是一个主要由蓝领阶层人口构成的地方，但是格兰特却是一个高价营销者——在他所处的行业中，他提出的平均价格明显高于当地其他同行的价格或国家平均水平。事实上，他的沙龙应该也能在全国范围内排到前十几名。五个地区的旗舰店全年总共可以提供20万名"美黑"活动，而且他的业务正在逐年扩大，即使是2008年至2009年，以及2009年至2010年的经济衰退也没能阻挡他前进的脚步。

我将带你过目一份清单，上面记载了格兰特做过的部分举措，这些举措让他在同行中脱颖而出，也成就了他今时成功的地位。建议你访问www.sunyourbuns.com了解更多相关信息。说实话，很少有谁的商业传奇（包括高层次的商业领域）能让我感到回味无穷，但是格兰特就是这其中的一个。你会发现他这里有很多本书中提到过的营销方案，同时也会接触到一些新的战略。其核心观点就是，选择一项相对容易被商品化，且可能遭遇低价竞争的普通业务，通过自己之手让它变得与众不同，能够对客户产生独特的吸引力。

多种产品与价格展示

构成这项业务的消费者是来自不同的身份,包括年轻的女性,甚至少女,也有职业女性,还有生活富裕的家庭主妇(不是"绝望主妇"),因此,针对不同的顾客制定不同的价格势在必行。业务的重心应该放在那些每月都会定期光顾的消费者身上,而不是一次性消费的客人身上。业务关注的是由会员消费者带来的源源不断的收入,而不是隔三差五不提前预约就过来消费的人带来的零散利润。出于这一目的,格兰特为不同消费水平的客户准备了不同档次的"产品"或晒黑棚,从不需要提供额外服务的慢速美黑棚(想想起亚汽车或假日酒店是什么样子的),档次一直上升至最奢华舒适、充满艺术情调,且由电脑程序控制的美黑单元间(想想宾利汽车或丽嘉酒店是什么样子的)。日光浴沙龙的员工带着顾客进行一次精心设计的参观,先向他们展示顶级服务,或者赠送促销卡(卡片样例见本书第一章),向顾客介绍这些服务。但是对于首次到来的新顾客,沙龙会提供多种不同的促销方案,包括单次晒黑服务,目的是让他/她办理会员卡。格兰特的产品/价格策略如下所示:

- **阶梯计价方案**:价格从低到高,附带会员卡和各种附属产品,比如润体乳,价格也是不断上涨,最高卖到100美元一瓶。

- **保持会员连续性**。比如,全面的顾客挽留策略,包括"保留会员资格"的选择(由于业务的季节性因素)。会员在不使用会员便利时每月只需支付5美元就可以保留会员身份,下次使用时不必再交入会费。任何时候都有数百人愿意付这项费用!这些顾客的名字被纳入一份列表,沙龙会定期向他们邮寄宣传册,吸引他们过来消费,重新开始使用会员卡。

- **新产品与新服务**。格兰特喜欢求新求变,他会时不时地引进经过改良的新式美黑机器，然后配合设计新的一揽子服务。当我在写这段文字的时候，他已经开始实验一种新的会员形式了，他称之为"沙龙之钥"，可以让会员在任何时间使用任何一种晒黑棚，而且次数不限。

- **提供免费试用机会**。沙龙曾多次提供免费试用或支付1美元、5美元之类的试用机会。在我写这段文字的时候，格兰特已经开始实验他的"30天19美元不限量日光浴尝鲜活动"，吸引了更多热情高涨的消费者，在为顾客提供舒适的日光浴体验后，也大大增加了回头客的数量。除非你可以做到让消费者在体验过后感到满意，能够置办会员卡，否则不要尝试开展这类免费试用活动。

广告/营销媒体

接下来，我将向你展示格兰特广告营销的一部分内容。格兰特很重视通过报纸刊登广告，或通过Valpak蓝色信封直邮函件寄送广告。他也会自己设计直邮广告，主要以明信片的形式寄送给用户。他针对自己现在的顾客、以前的顾客以及有选择性地对周边的住户进行直邮宣传攻势，并向新顾客进行"游说"，这都是他惯用的做法。书中重印的宣传页面无法完全重现格兰特的精心设计，因为原版的页面都是彩色的，并配有大胆的图片，比如一些令人想入非非的性感照片。格兰特也经常把自己的形象放到宣传页当中，语调诙谐调侃，还会插入一些搭卖广告。请记住，以下只是部分列表。

- 每月印刷时事通讯：针对顾客、会员和实效会员
- 每月寄送明信片：提出各种报价及优惠活动
- 用户列表划分：不同的列表得到不同的报价和优惠活动

- 年末促销明信片：价值49～79美元，不限使用
- 对退会成员进行挽留宣传攻势
- 传单与报纸插页广告
- Valpak 广告宣传
- 发送请求客户之间相互推荐的明信片和促销活动（我去参观的时候他们对推荐者的赠品是一台大屏幕电视机）
- 对老主顾进行嘉奖
- 调查卡片——对试运行的做法进行反馈调查，寻求提高的方法
- "免费赠送"感谢信，挽留非会员顾客
- 生日优惠明信片
- 相关网页
- 搜索引擎优化
- 社交媒体：你管（YouTube），脸谱（Facebook）

环境体验

从整体环境上看，格兰特日光浴沙龙倒更像是高档的美容沙龙：开阔宽敞的接待处，色泽柔和的实木家具，各个日光浴单间环绕接待处排开。他安排不同档次日光浴单间的方式和他的大多数同行恰恰相反——他把最高档次，也是收费最贵的单间安排在最外面，让人们一眼就能看见。还有一点很重要，那就是每个单间的门外都会挂上照片表示此屋已被占用，以防他人误入。总而言之，格兰特的日光浴沙龙装潢华丽、环境优雅，比同行业的其他沙龙高出不止一个档次，也超出了大多数顾客的预期水平，足以让他们眼前一亮。

说个有趣的题外话，在格兰特发展他的日光浴沙龙业务之前，他开了一家音像店。某天，他突发奇想，进了一批低端基础型的晒黑箱放在店里，想试试看生意怎么样。当他的美黑业务"反客为主",成为他的主业时,他下决心要吸引并留住一批富有的顾客,向他们提供比其他日光浴沙龙档次高得多的美黑体验。要知道那个时候其他的日光浴沙龙里无非就是所有的晒黑箱排排站,没有创意也缺乏情调,人们也没有想到要做些什么改善一下沙龙的环境。而格兰特的沙龙环境一流,无论是在顶级的度假酒店,还是在自己家中,都可以安置。

- **全面内部控制**。内部的一切情况都要通过备忘录记录下来,质量管理对顾客可见,以此督促员工提高自觉性。举个例子,员工在为顾客准备房间的时候,一定要详细填一份卫生情况标准表,放在房间的写字夹板里,让顾客可以看得见。
- **施行全方位视频/音频监控**。员工与顾客交流以及销售活动所在的主要区域都常年配有视频/音频监控,格兰特可以通过他的任意一台电脑监控任意一家旗舰店内发生的情况,同时视频/音频资料还可以保留下来,以便日后调出查阅。格兰特还可以通过视频/音频监控员工对不守纪律的员工进行批评教育,或将监控内容作为证据,解雇员工。具体参见《不看没人性的资产负债表》一书的第十三章。你要记住:加大执行力度才能有所收获。

扩张

企业的生命在于不断纵向成长和横向扩张;而大多数企业只是在不断成长。除了通过在各地开设旗舰店、增加晒黑箱和相关设备投入、大力开展营销工作吸引顾客并以此调动顾客淡季美黑的积极性等措施发展核心业务以外,格兰特还通过在沙龙销售非美黑类产品和服务,对原有客户群开展交叉营销业务,以此横向扩张他的业务范围。现在,他已经准

备好对他的新业务开展信息营销和指导工作了。他的脚步一直向前,从未停止。

- 激光嫩肤
- 牙齿美白
- 第二项业务(体育馆/健身中心),提供交叉销售免费体验机会

只有将(不断更新的)终极营销方案实施到位的小型甚至中型企业,才有可能实现持续发展和扩张。有些企业主总是凭着直觉办事,想一出是一出,没有规划地进行营销,总是为各种问题善后,这样的人拥有的企业必定无法长久发展。

我很提倡格兰特的做法,那就是**宏观**管理与**微观**管理两手抓。在我们谈话的时候,他对公司的**各项数据**了如指掌。他**一直**从"小处"着手,努力寻找卓有成效的方式**提升**自己的业务,通过累积"小处"的改变实现质的飞跃,获得比其他同行高得多的利润。他将顾客的体验感受**记录下来**,指导员工有效地说服顾客办理会员卡——这也是员工的一项**强制要求**,而且这一系列过程会被监控设备录制下来。总的来说,他并没有把自己固定在美黑行业,而是**把自己置身于一项营销业务中**,在广告营销中倾注大量的工作时间。他利用多种媒体(主要是**直邮广告**)**频繁**且**持续性地**开展营销工作,为顾客提供各种具有新意的优惠活动。他将原先的普通业务不断升级,不仅迎来并留住了大量生活富裕的客户,还对年轻的客户群体也产生了巨大的吸引力。

谈到自我扩张的时候,格兰特告诉我他是这样制定自己的营销方案的——对外主要是开展营销工作,对内主要是搞好产品和价格展示及销售过程等。他说自己的大多数想法都源自于向我学习的经历,从过去几年到现在,他一直在翻来覆去地思考我提到的那些资源。但是说实话,他的成功很大一部分还是源于他自己的悟性和努力,而不是我给他的启发。他把

附赠章节之一
让一项普通的业务变得独特

自己塑造成了一个强大的营销者、广告文字撰稿人、企业经理，同时也是一个企业家。他的企业价值数百万美元，在占据了本地市场的高层之后，他仍在发展和扩张的道路上不断求索，品牌价值正在稳步攀升之中。在他的身上，我们可以成功地验证一句俗语——有志者事竟成。

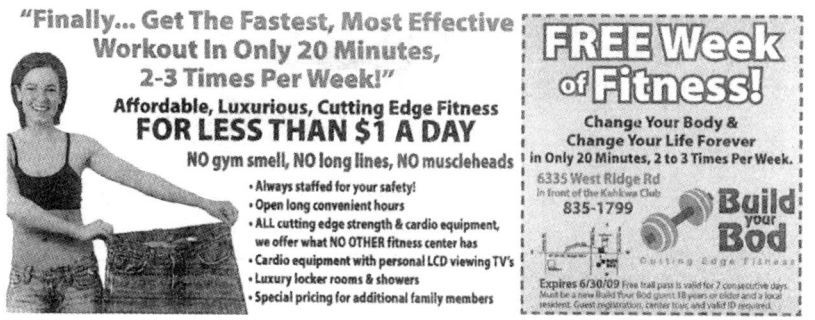

双面印 Valpak 优惠券：正面是日光浴沙龙专题，反面是健身俱乐部专题。

"免费赠送"明信片（双面）：该明信片主要向第一次消费时没有办理会员卡的顾客发放，提供了价值10美元的优惠券供下次消费时使用，明信片上有手写的使用期限。

附赠章节之一
让一项普通的业务变得独特

尝试提供可选择项目的会员资格店内宣传单：只需 49.95 美元即可体验任何一张日光浴床（更明确地说，铜牌会员可以享受钻石会员的日光浴床，但是不能享受白金会员或至上的（Premiere）的日光浴床；需要额外交 10 美元才能体验）。注意，这是每月 49.88 美元 +49 美元注册费，半年最低为 348.28 美元。

店内关于快速美白牙齿的宣传单

附赠章节之二
产品优质化的力量

格雷泽-肯尼迪内幕圈中给人印象最深刻的成员之一就是狄安娜·库图，她和丈夫合伙开了安娜美食披萨饼店。店里出售的大尺寸披萨卖到了42.99美元，最贵的披萨也卖到了51.99美元。但是别搞错了，她的店可不是开在洛杉矶的豪宅区比弗利山庄，也不是繁华的曼哈顿。她的店开在加拿大温伯尼，一箭之遥的地方就开着一家折扣披萨连锁店，"两个只售9.99美元"，那么为什么她的披萨店生意如此火爆？

是的，通过读本书你会发现狄安娜是怎样将她热爱的终极营销方案融入她的业务之中的。不过，由于本章篇幅有限，而且对于她的那些令人眼花缭乱的彩色营销宣传资料，黑白的重印版也无法完全复制其风采，因此我强烈建议你访问她的网站 www.DianasGourmetPizzeria.ca，查看更多具体信息。

有一点你可能会感兴趣，那就是最近几年间（仍然是经济衰退期间），她的业务拓展量为原来的两倍，店面也扩建至原来的两倍，另外购置了一辆运货车，并且准备来年进一步扩展业务。她之所以成功，主要有以下几个原因：

走产品的不断创新和优质化路线

狄安娜每个月都会推出新式的或限时购买的特色披萨，比如香梨奶酪披萨和橄榄油柑橘烩童子鸡。她的常规菜单（下面几页复制了其中一部分）的特色美食包括一些人气很高的经典美味披萨，另外还有外带焙烤式披萨，甚至还出售调过味的面团，供顾客在家动手制作披萨。比如，穆斯赫德啤

酒面团和全谷物杂粮面团。他们还出售糖尿病人也可使用的披萨以及包括沙拉、开胃菜和啤酒在内的售价150美元的聚会披萨。狄安娜的披萨店不同于其他一般的披萨店，她在营销活动中主打高档美味的招牌，以高价成功地打造了"高端披萨"的形象，为她带来了丰厚的利润。至于顾客群，说实话，她并没有和达美乐披萨、必胜客或其他一些知名的披萨店竞争顾客，这也就是将产品高端化的最大好处。

产品创新的另一方面就是在会员制度上创新。很多顾客属于不同等级的会员，续会员身份的方式也不一样。每月的第一天他们的信用卡都会自动扣除固定的费用，用作换取一定价值的披萨优惠券、电话订购和承诺时间内必定送达等特别待遇，以及一些特价活动。这些举措使得狄安娜披萨店拥有稳定的业务收入，同时得以留住顾客，不让顾客在其他披萨店打广告促销的时候投向它们的怀抱，也提高了每位顾客在狄安娜披萨店消费的频率。这和格兰特为他的"阳光美臀"制定的计划如出一辙。这也是我们已经通过实践证实，且越发完善的一套商业模式，我们正在格雷泽-肯尼迪内幕圈中向各位成员详细地教授这一模式。

名人和客户吹嘘的权利

狄安娜的菜单前面的部分小小地介绍了一下她本人。狄安娜曾两次在意大利荣膺世界披萨冠军赛的加拿大"最佳披萨厨师"，还获得过一次《加拿大披萨杂志》(*Canadian Pizza Magazine*) 的加拿大"最佳披萨饼师"奖，并且在披萨冠军赛中担任评委。她曾在纽约举办的"美洲盘中佳肴"最佳披萨比赛中取得第四名的成绩，并被《读者文摘》列为"加拿大最美好的30件事物"之一。无数本杂志写过有关她的专题文章。

但是光环的背后也隐藏着不为人知的艰辛。为了保持热情，她努力地工作，投入了大量的时间和金钱。她是"高端披萨"的代名词，并且以自己的号召力为她的披萨开拓出一片需求市场。（插一句题外话：听我说，对于大多数收入顶尖的人来说，与其说带给他们财富的是他们实际的作为，还不如说是他们精心营造的个人形象。把这句话记在笔记本上。）

如果你认为让自己成为名人（至少对你的目标顾客来说是名人）超出了你的能力范围的话，那我倒想问问你，你认为狄安娜是怎么做到这一点的？

对很多人来说，购买并享用一位名厨制作的披萨，或者拿这样的披萨招待他人会让自己显得品位不俗。如果你要拿达美乐的披萨招待你的朋友，你就可以大大方方地告诉他狄安娜的披萨有多可口，狄安娜在披萨行业有多有名。这些都是狄安娜的事业取得成功的重要因素，也是她的终极营销方案的一部分，可以说她的确深谙此道。

狄安娜披萨不仅吸引了高层次的消费者，还对那些希望显示自己品位不俗的普通消费者产生了巨大的吸引力。连大明星雪儿·克罗（Sheryl Crow）和埃尔顿·约翰（Elton John）都衷爱狄安娜披萨，想到这一点，人们便会觉得狄安娜绝对是最"拿得出手"的美食了。

坚持不懈

最后一个因素，狄安娜始终坚持对她的现有客户群进行营销活动。每个月，她都会推出精彩的内部通讯资料，通过电子邮件和其他媒体展开营销攻势，并且坚持在各种节庆日和每个季度定期推出各类明信片。比如，本书中展示的感恩节明信片——她从客户名单中选择了1054位顾客，将明信片邮寄给他们，其中174位顾客作出了回应（约占16%），为她带来了大约3847.74美元的纯利润，投资回报率高达到482个百分点。是的，她清楚地知道有关业务的每一个数据。一般来说，她的每一位顾客每年会接触到狄安娜推出的24～104场营销活动。

现在你明白了没有？对于一个身处普通但有市场的行业中的本地小企

业来说，你要做的就是让自己成为行业名人，提高公众知名度，利用各种对你的业务有力的媒体进行营销，大力丰富你的业务，与同行拉开差距，以远高于市场标准价位的定价开拓高端市场。然后你的生意自然就火爆异常了。

附赠章节之二
产品优质化的力量

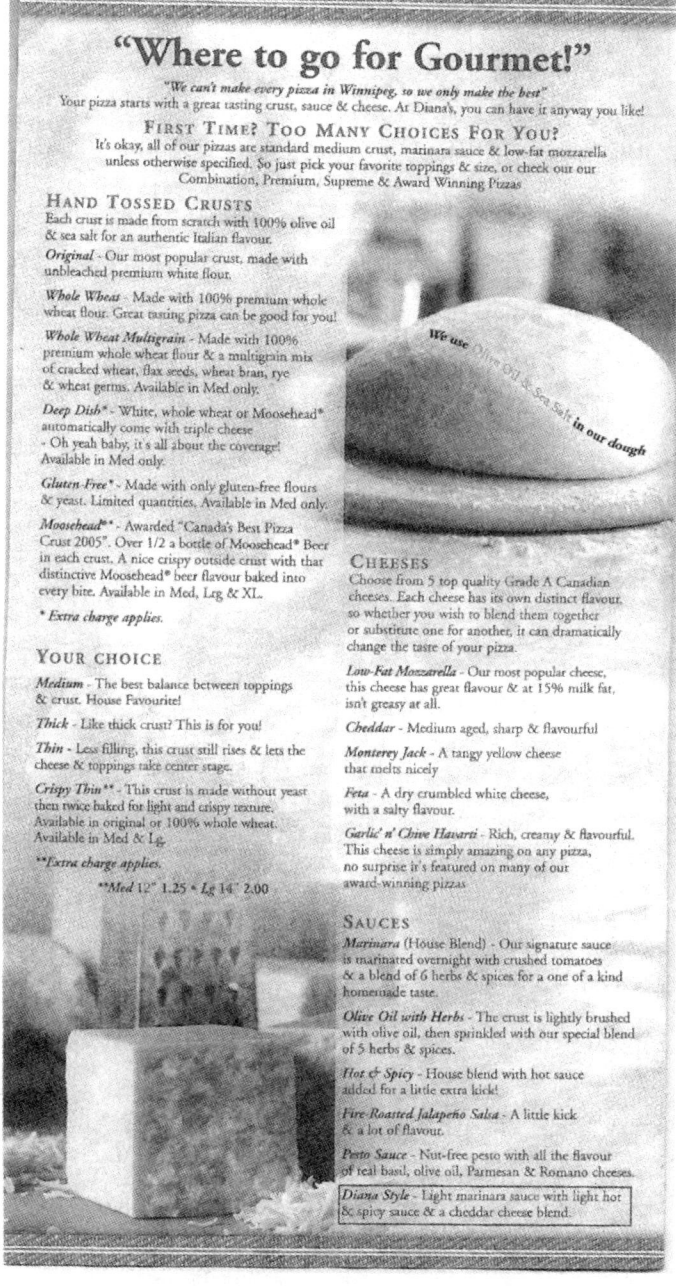

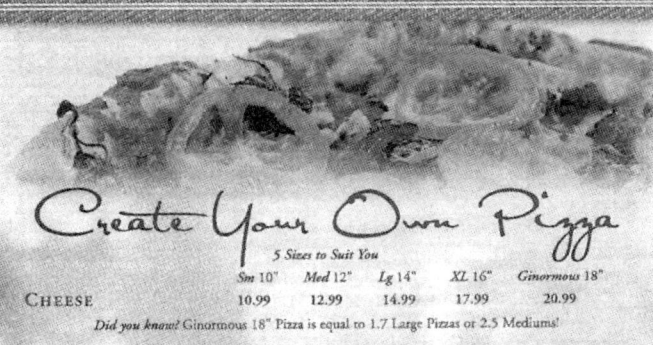

Create Your Own Pizza

5 Sizes to Suit You

	Sm 10"	Med 12"	Lg 14"	XL 16"	Ginormous 18"
CHEESE	10.99	12.99	14.99	17.99	20.99

Did you know? Ginormous 18" Pizza is equal to 1.7 Large Pizzas or 2.5 Mediums!

TOPPINGS

Add any Regular or Gourmet Topping: Sm 10" 1.00 • Med 12" 2.00 • Lg 14" 2.50 • XL 16" 3.00 • Ginormous 18" 4.00

Regular - Green Peppers, Red Onions, Smoked Ham, Dry Cured Pepperoni, Maple Smoked Crumbled Bacon, 100% Lean Ground Beef, Pineapple, Sliced Fresh Mushrooms, Cold Water Shrimp, Sliced Black Olives, Sliced Green Olives, All - Beef Salami, Italian Sausage & Hot Banana Peppers

Gourmet - Roma Tomatoes, 100% Lean Seasoned Beef, 100% Lean Hot & Spicy Beef, Spicy Sausage, Jalapeño Peppers, Oven Roasted Red Peppers, Red Peppers, Chopped Spinach, Broccoli, Asparagus, Chick Peas, Sun-Dried Tomatoes, Marinated Artichoke Hearts, Sliced Zucchini, Marinated Spicy Eggplant, Back Bacon, Chorizo Sausage, Green Onions & Julienne Cut Carrots.

Add any Premium Topping: Sm 10" 1.50 • Med 12" 3.00 • Lg 14" 3.75 • XL 16" 4.50 • Ginormous 18" 6.00

Premium - Fresh Hand Cut Pineapple, BBQ Pulled Pork with a Splash of Hot Sauce, Strip Bacon, Smoked Oysters, Anchovies, All Beef Italian Meatballs, Mild Capicolla Ham, Seasoned Chicken Breast, Pesto Chicken Breast (nut-free), Teriyaki Chicken Breast, Honey Garlic Chicken Breast, BBQ Chicken Breast & Cajun Chicken Breast.

Extra Cheese - 30% more of your favourite cheese • *Double Cheese* - 60% more!
Low Fat Mozzarella, Cheddar, Feta, Monterey Jack, Garlic n' Chive Havarti, Feta-Jack Blend, Mozza-Jack Blend, Mozza-Cheddar Blend, Mozza-Feta Blend, Cheddar-Feta Blend or 3 Cheese Blend (Mozza, Cheddar, Monterey).

*Counts as 2 toppings.

Combination Pizzas

Any of our Combo Pizzas can be made with Our Award-Winning Moosehead® Beer Crust.
Add 2.00 for Medium, 3.00 for Large & 4.00 for XL.

Sm 10" 13.99 • Med 12" 18.99 • Lg 14" 22.99 • XL 16" 26.99 • Ginormous 18" 32.99

CLASSIC VEGETARIAN
Our signature marinara, Fresh mushrooms, green peppers, Roma tomatoes & red onions.

CHEESY
Our signature marinara, low fat mozzarella, medium sharp cheddar & Monterey Jack cheeses.

GOURMET VEGETARIAN
Our signature marinara, chopped spinach, marinated artichoke hearts, sundried tomatoes & red onions.

MEXICAN
Our signature marinara, seasoned beef, Roma tomatoes, medium sharp cheddar & red onions.

HAWAIIAN
Our signature marinara, smoked ham, pineapple & maple smoked crumbled bacon.

BBQ CHICKEN
BBQ sauce, BBQ chicken, maple smoked crumbled bacon & red onions with a cheddar & mozzarella cheese blend.

CANADIAN
Our signature marinara, dry cured pepperoni, sliced fresh mushrooms & maple smoked crumbled bacon.

SPICY MEXICAN
Our signature marinara, hot & spicy beef, Roma tomatoes, jalapeño peppers & medium sharp cheddar.

Award-Winning Pizzas

Med 12" 24.99 • Lg 14" 30.99 • XL 16" 37.99

BIG D'S BODACIOUS BLT -
"Canada's Best Pizza 2006" - Canadian Pizza Magazine. No sauce, a blend of medium sharp cheddar & low-fat mozzarella cheeses, capicolla ham, strip bacon topped with fresh diced Roma tomatoes, ranch dressing, light pepper & sea salt finished with fresh chopped romaine lettuce on a Moosehead® beer crust.

ULTIMATE PEPPERONI - *"Canada's Best Pizza 2007" - Italian Pizza Games.* Two layers of dry cured pepperoni on a bed of double garlic n' chive havarti & low fat mozzarella cheeses highlighted with our signature sauce on a Moosehead® beer crust.

附赠章节之二
产品优质化的力量

More Award-Winning Pizzas

| | Sm 10" | Med 12" | Lg 14" | XL 16" | Ginormous 18" |

THE AWARD WINNER - 23.99 29.99 33.99
"Canada's Best Pizza 2005". Olive oil & herb sauce, smoked ham, red peppers, Roma tomatoes & green olives with a herb medley on a Moosehead® Beer Crust.

HAVARTI HEAVEN 14.99 20.99 24.99 29.99 36.99
"Finalist for Best Pizza 2007". Olive oil & herb sauce, roasted red peppers, red onions, strip bacon & Cajun chicken with a blend of garlic 'n chive havarti & low fat mozzarella cheeses.

RICKY'S REVENGE - 26.99 32.99 39.99 -
A Trailer Park Boys™ Inspired Pizza. Our signature marinara, dry cured pepperoni, chicken fingers, jalapeño peppers, mozzarella & medium sharp cheddar sprinkled with special herbs on a Moosehead® beer crust.

DIANA-SAURUS REX - 34.99 42.99 51.99 -
Our signature marinara, cajun chicken, pepperoni, capicolla ham, strip bacon, all-beef salami, cajun BBQ pulled pork, spicy sausage, extra mozzarella & Monterey Jack on a Moosehead® beer crust.

Specialty Pizzas

Any of our Pizzas can be made with our Award-Winning Moosehead® Beer Crust.
Add 2.00 for Medium, 3.00 for Large & 4.00 for XL.
Sm 10" 15.99 • Med 12" 22.99 • Lg 14" 27.99 • XL 16" 32.99 • Ginormous 18" 40.99

DIANA'S DELUXE - Our signature marinara, green peppers, dry cured pepperoni, fresh mushrooms, maple smoked crumbled bacon & red onions.

BACON DOUBLE CHEESE - Our signature marinara, 100% lean ground beef, maple smoked crumbled bacon, red onions, extra mozzarella & medium sharp cheddar cheese.

SWEET'N'SPICY DIVINE SWINE - Our signature marinara, dry cured pepperoni, fresh hand cut pineapple, BBQ pulled pork with a splash of hot sauce, low fat mozzarella & medium sharp cheddar cheese.

THE CALIFORNIAN - Olive oil & herb sauce, low-fat mozzarella cheese, chopped baby spinach, red onions, seasoned chicken breast, sundried tomatoes & Roma tomatoes.

THE PEPPERONI PIE - Our signature marinara, double topping of dry cured pepperoni & double mozzarella cheese.

ALL MEAT - Our signature marinara, dry cured pepperoni, smoked ham, Italian sausage & maple smoked crumbled bacon.

Premium Pizzas

Sm 10" 16.99 • Med 12" 24.99 • Lg 14" 29.99 • XL 16" 35.99 • Ginormous 18" 44.99

TACO - Fire roasted jalapeño salsa, 100% lean seasoned beef & Roma tomatoes with sliced black olives, drizzled with ranch & baked under our 3 cheese blend of mozzarella, medium sharp cheddar & Monterey Jack cheeses. Served with crisp, chopped Romaine lettuce & taco chips on the side.

SPICY TACO - Fire roasted jalapeño salsa, 100% lean hot & spicy beef, Roma tomatoes & jalapeño peppers with sliced black olives & drizzled with ranch, baked under our 3 cheese blend of mozzarella, medium sharp cheddar & Monterey Jack cheeses. Served with crisp, chopped Romaine lettuce & taco chips on the side.

TONY'S SPICY CHOLULA CHICKEN PIZZA
Our signature marinara, Cholula chicken breast, jalapeño peppers, minced garlic, Chorizo sausage & red onions with a dash of paprika.

PIERRE'S PICK - Our signature marinara, mild capicolla ham, oven roasted red peppers, all beef Italian meatballs & strip bacon with mozzarella & medium sharp cheddar cheese.

GREEK - Our signature marinara, green peppers, crumbled feta, black olives, Italian sausage, Roma tomatoes & red onions.

Supreme Pizzas

Sm 10" 17.99 • Med 12" 26.99 • Lg 14" 32.99 • XL 16" 38.99 • Ginormous 18" 48.99

DIANA SUPREME - Our signature marinara, green peppers, dry cured pepperoni, smoked ham, 100% lean cooked ground beef, Italian sausage, fresh mushrooms, pineapple, maple smoked crumbled bacon & onions with double mozzarella.

CHICKEN PARMIGIANA - Extra marinara sauce, sliced breaded chicken breast, extra mozzarella cheese, oregano & basil.

KUNG PAO CHICKEN PIZZA
Olive oil & herb sauce, low-fat mozzarella cheese, red peppers, green peppers, red onions, green onions & Kung Pao chicken breast with fresh hand cut pineapple.

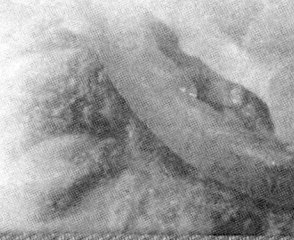

Top Ten Reasons to Give Diana's Gourmet Pizzeria Gift Certificates To all Your Friends & Family This Year

10. They always fit.
9. A man has to eat.
8. They fly thru the mail with the greatest of ease.
7. Diana & Pierre have their first baby on the way
6. We'll take care of your friends.
5. Our gift certificates never expire

4. Available in any amount you want.
3. Momma ain't gotta cook- and you still get to eat.
2. Each pizza is handmade, where else can you get custom homemade handmade gifts?
1. It's your great idea.

We think our gift certificates make wonderful presents, that's why we are sending one to you!

From Diana, Pierre and All of the Staff
At Diana's Gourmet Pizzeria

THANK YOU CERTIFICATE

Diana's Gourmet Pizzeria

Redeemable for: **Five dollars off any Large Gourmet Pizza**

Not valid with any other offer. Must mention upon ordering.

Unit R–730 St. Anne's Road
Winnipeg, MB R2N 0A2
954-7858
www.onegreatpizza.ca
Online Ordering Now Available

Not redeemable for cash.

Authorized by: *DC*
Expires: December 31, 2009
Certificate Code: THKU09

附录 A
终极营销的大忌

终极营销的大忌之一：
平庸的想法

终极营销的大忌之二：
在错误的目标上浪费精力

终极营销的大忌之三：
把顾客的忠实当作理所应当的事

终极营销的大忌之四：
毫无作为，放任客户流失

附录 B
终极营销的秘技

终极营销的第一个秘技：
独特销售主张

终极营销的第二个秘技：
让他人清楚地了解你的意图

终极营销的第三个秘技：
详细而彻底地排除各种假想

终极营销的第四个秘技：
每次展示都要大胆地要求人们采取行动

终极营销的第五个秘技：
调整你的营销信息并将其传递给最合适的目标

终极营销的第六个秘技：
在构建营销信息时应当理解消费者不愿轻信、害怕上当的心理

终极营销的第七个秘技：
利用照片证明自己所言非虚

终极营销的第八个秘技：
带给顾客始终如一的良好感受

终极营销的第九个秘技：
常新常变

终极营销的第十个秘技：
明确员工的工作态度，有的放矢

终极营销的第十一个秘技：
电话促销

终极营销的第十二个秘技：
先发邮件，后打电话

终极营销的第十三个秘技：
为了营销胜利而共享财产

终极营销的第十四个秘技：
让顾客感到自己受到重视、感激和尊敬

终极营销的第十五个秘技：
为已有的客户提供新产品、新服务，而不是为已有的产品和服务找新客户

终极营销的第十六个秘技：
如客户所愿般优秀

终极营销的第十七个秘技：
招揽一名"守护者"